국민, 대선·총선·지방선거 출마자의 필독서

대통령과 멘토

최기종 지음

President and Mentor

"직업과 재능은 선천적으로 지니고 태어난다!"

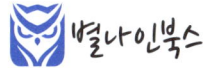

서시

궁신접수 躬身接水

최기종

찻잔이 물을 얻으려면
주전자보다 낮은 위치에
놓여있어야 하느니라

본시
물은 낮은 곳으로 흘러
아래로 내려가는 것이
자연의 섭리인 것을

아무리
값진 보석 잔[盞] 이라도
주전자보다 높으면
물을 받을 수 없는 법

고로
권력의 기본 법칙은
군주가 백성들 위에
군림하지 않는다는 것

이것이
국가를 바르게 경영하는
첫 번째 처세술이니라.

머리말

이 세상에 지극히 정상적이고, 양심적인 사람은 존재하지 않는다. 성인·군자도 세계적인 지도자·명문대학 졸업자도 ① 혐오 언어사용 ② 전쟁·폭력사용 ③ 그릇된 행동 ④ 어리석은 짓 ⑤ 거짓말 등을 꼭 한다.

미국의 세계적인 심리학자·교수 폴에크만Paul Ekman은 "사람은 8분마다 한 번씩 거짓말을 하며, 최소 200번 정도는 거짓말을 한다"라고 주장한다. 즉 거짓말을 밥먹듯이 자주하는 사람은 죄의식을 전혀 느끼지 못한다.

사람에 따라 약간의 차이는 있지만, 사람은 대체로 장점 30%, 단점 70% 정도의 비율로 출생한다(필자의 주관적인 견해). 따라서 자신에게 부족한 단점은 반드시 멘토·책사에게 가르침을 받아야 국가나 집단을 성공적으로 경영할 수 있다.

멘토mentor는 ① 스승·조언자 ② 경험과 지식을 바탕으로 다른 사람을 지도하고 조언해 주는 사람을 뜻한다. 그리고 책사策士는 ① 계책에 능한 사람 ② 책략을 잘 쓰는 사람 ③ 어떤 일이 잘 이루어지도록 꾀를 내어 돕는 사람을 뜻한다. 최근에는 멘토와 책사를 혼용해서 쓰기도 한다.

지난 2024년 12월 3일 '비상계엄'이 일어났을 때 우리나라는 그야말로 큰 위기에 봉착한다. 그것은 무능한 대통령에 무능한 멘토·책사, 참모 등의 탓으로 보여진다. 즉 충신忠臣을 멀리하고, 검증되지 않은 희대의 간신을 가까이 한 것에서 비롯된 것이다.

자고로 대통령[왕]이 거룩하고 고결高潔하면, 지혜로운 멘토·책사는 반드시 복을 받는다. 또 대통령[왕]이 현명하여 사리에 밝고 멘토·책사가 꿋꿋하고 곧으면, 그것은 나라의 큰 경사이자 상서로운 복이 된다.

지난 70년간 '청와대'와 3년간 용산 '대통령실'에서 국가의 발전과 국민의 안위를 위해 지혜롭고, 성공적으로 직무를 수행한 대통령은 거의 없는 것 같다.

역대 대통령 대부분이 하야(이승만·윤보선·최규하)하거나, 구속(노태우·전두환·이명박·박근혜·윤석열)되거나, 내란(노태우·전두환·윤석열)을 일으키거나, 탄핵·파면(박근혜·윤석열) 등으로 인해 국가가 큰 혼란에 빠지곤 했나.

본서『대통령과 멘토』는 국민, 대통령 · 국회의원 · 지방선거 출마자 등이 읽어야 할 필독서로서, 제❶부 ① 여행의 힘 ② 경험의 힘 ③ 매너의 힘 ④ 덕목의 힘, 제❷부 ① 인연의 힘 ② 재능의 힘 ③ 멘토의 힘 ④ 대선 예측 등 총 여덟 개의 장으로 구성한다.

다가올 미래의 성공적이고 안정적인 국가경영 · 지방경영 · 기업경영 등을 위해, 역사에 남을 위대한 업적을 남기고 싶은 분은, 본서의 내용을 필독해 곧바로 실천에 옮기길 바란다.

2025. 6

錦堂 최기종

CONTENTS

서시/궁신접수 2
머리말 4

제1부 자기계발

1. 여행의 힘 15

인생을 바꾼 여행 17
Chapter 01 잊을 수 없는 이집트 여행 19
Chapter 02 나이아가라 폭포 26
Chapter 03 나호트카 공무 여행 33
Chapter 04 눈꽃 핀 황산 42

2. 경험의 힘 49

소중한 경험 51
Chapter 01 청와대 영빈관 오찬 간담회 53
Chapter 02 대통령실 풍수 58
Chapter 03 연천 전곡리구석기축제 위원 62
Chapter 04 후쿠시마 기온마츠리 연구 66
Chapter 05 포천 명성산억새꽃축제 위원장 72
Chapter 06 춘천 닭갈비막국수축제 총감독 77
Chapter 07 기후 위기와 겨울 축제 82

3. 매너의 힘　　　　　　　　　　　　　　　　87

유권자를 유혹하는 매너 89

Chapter 01 이미지메이킹 기법 91

Chapter 02 인사 매너 94

Chapter 03 명함 사용법 97

Chapter 04 악수 매너 100

Chapter 05 대화 매너 103

Chapter 06 경어 매너 106

Chapter 07 남성의 복장 109

Chapter 08 여성의 복장 113

Chapter 09 국민을 고객처럼 116

4. 덕목의 힘　　　　　　　　　　　　　　　　121

지도자의 기본 덕목 123

Chapter 01 수신제가 125

Chapter 02 신중한 언어 사용 127

Chapter 03 지혜 단련 129

Chapter 04 건강 관리 131

Chapter 05 인재 영입 133

Chapter 06 약속 이행 135

Chapter 07 강한 책임감 137

Chapter 08 소통 능력 139

Chapter 09 민생 우선 141

Chapter 10 신뢰와 믿음 143

Chapter 11 강한 자신감 145

Chapter 12 강한 결단력 147

Chapter 13 다양한 경험 149

Chapter 14 뛰어난 외교력 151

제2부 자연의 섭리

1. 인연의 힘 157

인연과 운명 159

Chapter 01 학자의 길을 열어준 L교수 161

Chapter 02 독서의 길을 열어준 C교수 164

Chapter 03 실천능력이 부족한 대권 주자 167

Chapter 04 잠깐 스쳐 간 인연 170

Chapter 05 곧바로 끊어버린 인연 173

2. 재능의 힘 177

천직과 재능 179

Chapter 01 멀티형 타입 182

Chapter 02 귀인형 타입 184

Chapter 03 모성애 타입 186

Chapter 04 고집형 타입 188

Chapter 05 수동적 타입 190

Chapter 06 로비형 타입 192

Chapter 07 지혜형 타입 194

Chapter 08 돌진형 타입 196

Chapter 09 직진형 타입 198

3. 멘토의 힘 201

지혜로운 멘토 203

Chapter 01 유비와 제갈량 205

Chapter 02 환공과 관중 208

Chapter 03 서백과 강태공 211

Chapter 04 합려와 손무 214

Chapter 05 조비와 조조 217

Chapter 06 왕건과 최응 220

Chapter 07 성종과 최승로 222

Chapter 08 이성계와 무학대사 225

Chapter 09 세종과 황희 228

Chapter 10 윤석열과 천공 231

4. 대선 예측 235

사람의 운명 237

Chapter 01 윤 대통령 파면 예측 239

Chapter 02 이 대통령 당선 예측 242

Chapter 03 길이 아니면 가지마라 245

Chapter 04 민주당 원내대표 선출 247

Chapter 05 국민의힘 당대표·원내대표 선출 249

Chapter 06 기업과 정치는 별개 251

꼬리말 253

참고문헌 255

제1부

자기계발

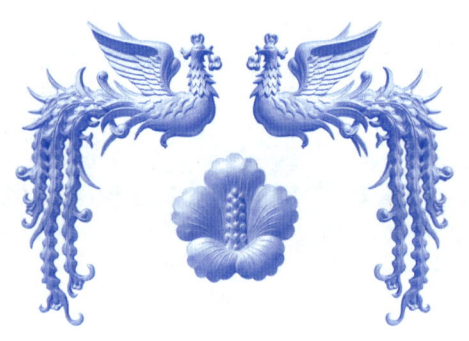

1
여행의 힘

인생을 바꾼 여행

여행을 좋아하는 사람도 있고, 그렇지 않은 사람도 있다. 여행을 좋아하는 것도 **선천적으로** 지니고 태어난다. 여행을 떠나는 목적은 사람마다 다를 수 있다. 예를 들면 지식을 쌓기 위해 떠나는 사람도 있고, 연수나 친목 등을 목적으로 떠나는 사람도 있을 수 있다.

최근 지방의회가 온갖 편법을 동원해 해외여행 경비를 부풀리는 수법으로 허위 비용을 청구했다가 큰 파문을 일으킨 일이 있다. 그들은 민생民生을 외면한 채 오직 즐거움만 추구하는 '외유성 여행'을 떠났다가 된서리를 맞는다. 이러한 사례는 매년 반복해서 일어난다.

영혼 없이 즐거움을 목적으로 떠나는 해외여행은 지역 발전과 자기계발에도 아무런 도움이 되지 못한다. 공무 여행이든 개인 여행이든 여행을 떠날 때는 목적을 분명히 정하고 떠나야 한다. 여행목적이 분명하면, 나중에 여행에서 얻는 결과도 확연히 달라진다.

사마천司馬遷은 '소년 시절 하루도 쉬는 일 없이 여행을 다녔다'라고 한다. 그는 여행의 경험을 문장으로 옮겼는데, 2세기까지 중국에서 발간된 역사서 가운데 가장 유명한 것으로 손꼽히는 그의 저서『사기史記』가 그것이다. 결국, 그는 중국의 여러 곳을 여행한 뒤에 조정朝廷의 관리가 된다.

대통령 · 국회의원 · 단체장 · 기초의원 · 기업인 등 자신의 분야에서 '유능한 지도자'가 되고 싶으면, 여행을 통해 견문을 넓히고 산지식을 습득해야 한다. 그래야 '큰 꿈'을 이룰 수 있다.

나는 1982년 대학 시절 '일본 연수여행'에 참가한 이후부터 인생이 완전히 바뀌게 된다. 대학 졸업 후 ㈜서울교통공사 일본과 등에서 근무를 했는데, 결국 다양한 실무경험을 살려 1992년에 경복대학 관광학부 교수로 임용된다.

Chapter 01

잊을 수 없는 이집트 여행

여름날의 여행은 지식에 대한 갈증을 없앨 만큼의 독특한 경험으로 다가올 것만 같아, 올 하계방학은 폭염暴炎이 내리는 아프리카의 이집트 Egypt로 가기로 한다.

　인천국제공항을 출발해 스페인·그리스·튀르키예를 여러 날 여행하면서 마지막으로 이집트에 도착한다. 카이로 국제공항은 경비가 매우 삼엄하다. 불안한 마음으로 입국수속을 마치고 주차장으로 나오는데, 탱크가 금방이라도 전투를 벌일 태세로 열병하듯 늘어서 있다.

　공항에서 호텔로 가는 길목과 건물의 옥상에도 군인들이 총을 들고, 우리를 노려보듯 경계를 서고 있다. 심지어는 호텔 출입구에 '엑스레이 투시 검사대'를 설치해 놓고 한 명씩 몸을 수색한다. 이집트에 온 것이 걱정된다. 1개월 전쯤 '이집트의 한 휴양지에서 총기 난사 사건이 일어났던 일'이 갑자기 생각난다.

"과연 여행을 무사히 마치고 귀국할 수 있을까…?"

다음날 국내선 항공기를 이용해 룩소르Luxor로 간다. 룩소르는 카이로에서 남쪽으로 약 680km 지점에 있으며, 고대 유적이 밀집해 있는 곳이다. 약 400년에 걸쳐 번영을 누린 이 도시에는 대규모의 신전神殿이 건립되고, 나일강 서쪽 기슭에는 수천 개의 묘소墓所가 조성돼 있다.

공항 도착 후 나일강 선착장으로 이동한다. 통나무배를 타고 강을 건너, '죽은 자들의 도시'를 뜻하는 네크로폴리스necropolis로 이동한다. 나일강 주변의 푸른 곡창지대를 지나자, '죽음의 땅'으로 불리는 사막이 끝없이 펼쳐진다. 기온은 점점 올라가 어느새 50℃를 웃돈다.

모자와 선글라스를 착용하지 않으면, 눈을 뜰 수도 없고 숨을 쉬기도 어렵다. 벽이나 기둥에 기대지 않고는 똑바로 서 있을 수도 없다. 날씨는 가이드의 설명을 집중해서 들을 수 없을 정도로 무덥다. 이렇게 더운 건 처음이다.

네크로폴리스는 신왕국 시대의 부귀와 영화를 상징하는 곳이다. 현재 사람이 거주하고 있는 룩소르에 비해서, 나일강 서쪽은 역사 속에 묻힌 '죽은 자의 도시'로 엄격히 구분된다. 즉 수천 개에 달하는 묘소가 사막을 덮고 있다.

우리는 폭염 속에 B.C. 1천200년에 만든 '왕가의 골짜기Valley of Kings'와 한 쌍의 거대한 석상인 '멤논의 거상' 등을 둘러본다. 오전 11

시쯤 여행을 마치고, 다시 나일강을 건너 호텔로 돌아온다.

점심 식사 후 호텔 방으로 들어가 각자 휴식을 취한다. 날씨가 너무 더워 12시부터 오후 3시까지는 무조건 외출이 금지된다. 오로지 창밖으로 이글거리는 거리의 풍경을 바라보는 것만 허용된다.

우리는 휴식을 취한 뒤, 카르나크Karnak 신전과 룩소르Luxor 신전으로 향한다. 카르나크의 부속 신전인 '룩소르'는 이집트 최고의 태양신 '아멘'을 모셨던 신전이다. 줄지어 늘어선 거대한 '열주화랑', '메노피스 2세와 3세의 석상', '오벨리스크obelisk'는 웅장하고 아름답다.

"황량한 사막에 어떻게 거대한 신전을 세울 수 있을까…?"

여행을 마친 우리는 숙소가 있는 카이로로 돌아가기 위해 룩소르 공항으로 가서 탑승을 기다린다. 그런데 일행 중 5명의 항공 좌석이 없다. 다행히도 내 좌석은 있다. 우리는 현지 가이드와 공항 직원에게 거세게 항의해 보지만, 그들은 미동도 하지 않는다.

우리는 모여서 대책 회의를 한다. 그때 누군가가 "연장자부터 먼저 보냅시다"라고 제의를 하자 모두가 좋다고 동의한다. 내 좌석은 예약이 잘 되어있지만, 나도 기꺼이 동의한다. 졸지에 우리의 일행은 1팀과 2팀으로 나뉘게 된다.

1팀이 떠난 뒤 남겨진 2팀은 낮에 잠시 머물렀던 호텔로 되돌아간다.

밤 11시 비행기를 타기 위해 무료한 시간을 보낸다. 먼저 출발한 1팀을 생각하니 부럽기도 하고, 조금은 밉다는 생각도 든다. 하지만 운명이라고 생각하고 잊어버린다.

밤 10시쯤 우리는 다시 공항으로 가서 카이로행 항공기를 기다린다. 직원이 다가와 탑승자 명단을 부른다. 다행히도 이번 명단에도 내 이름과 또 한 사람의 이름은 있다. 그런데 나머지 3명의 이름은 어디에도 없다.

어쩔 수 없이 나는 2팀이 되어 나머지 3팀을 뒤로 한 채, 미안한 마음으로 항공기에 탑승한다. 죽음의 땅에 남아 있는 3팀을 생각하니 맘이 편치 않다.

"함께 떠나면 좋았을걸…."

호텔로 돌아와 시계를 보니 새벽 3시를 가리킨다. 룩소르에 남아 있는 3팀이 맘에 걸리지만, 모든 것은 운명이려니 생각하며 나를 한껏 위로한다. 아침이 되자 마지막 3팀도 무사히 호텔에 도착한다.

우리는 아침 식사를 하면서 어제 있었던 일을 얘기한다. 그런데 앞서 출발했던 1팀을 태운 항공기는 다른 공항으로 가는 바람에, 그들도 새벽 3시쯤에 도착했다는 것이다. 조종사가 졸음 비행을 해서 다른 공항으로 갔던 모양이다.

결국, 1팀과 2팀은 비슷한 시간대에 도착한 셈이다. 잠시 1팀을 미워했던 순간을 후회하며, 인간사 '새옹지마(인생의 길흉화복은 변화가 많아 예측하기 어렵다는 뜻)'란 말을 떠올려 본다.

◻ 사막에 핀 문학의 꽃

나는 이집트Egypt로 출발하기 전에 '시·수필창작 기법'에 대한 기본적인 지식을 쌓고 여행길에 오른다. 실제의 삶 속에서 진실을 캐내는 것이 '수필隨筆'이다. 이왕이면 밋밋한 여행보다는 뜨거운 사막에서 특별한 '글감'을 찾을 수 있을 것 같아 일부러 이집트를 선택했다.

나는 여행 내내 메모장에 기록하면서 이동한다. 그런데 룩소르 공항에서 좋은 글감을 얻는다. 전술한 바와 같이 카이로행 항공기 탑승 과정에서 1팀, 2팀, 3팀으로 나눠서 탑승하는 일이 벌어진다. 나는 이때 무릎을 '탁'치며 중얼거린다.

"바로 이것이 수필의 좋은 글감이 되겠구나!"

'피할 수 없으면 즐겨라'라는 말이 생각난다. 무더위에 지치고 피로에 지쳤지만, 운명이라고 생각하니 오히려 무더위도 여행도 즐겁게 느껴진다. 결국, 이집트 여행을 계기로 황량한 사막에서 '문학의 꽃'을 훨씬 피우게 된다.

나는 2007년에 '수필', 2008년에는 '시'로 등단한다. '독서량讀書量은 인생량人生量이다'라는 말이 있다. 여행과 독서는 병행해서 진행해야 한다. 그리고 좋은 글을 쓰려면, 날마다 끊임없이 독서를 하고 창작에 힘써야 장차 자신의 분야에서 '큰일'을 도모할 수 있고 필력도 향상시킬 수 있다.

난세의 간웅奸雄, 치세의 능신能臣으로 불리는 '조조曹操'는 한 나라의 리더로서 정치가 이외에도 시인의 얼굴을 가진 인물이다. 그는 아들 조비 · 조식과 함께 삼조三曹로 불릴 정도로 당시의 시단詩壇을 대표하는 존재였다고 한다.

훗날 조조의 아들 조비(曹조 : 재위 220-226)는 삼국시대 위나라의 초대 황제皇帝가 된다. 자고로 백성은 무력武力이 아닌 문덕文德으로 다스려야 만백성萬百姓의 높은 지지를 얻을 수 있다.

맥도날드McDonald's의 창업자 레이크록Ray A. Kroc은 사막을 여행하다가 캘리포니아 인근에서 맥도날드 형제가 운영하는 햄버거 점포를 발견한다. 그 후 그들의 점포를 인수해 미국의 도로 곳곳에 패스트푸드 점을 차려 크게 성공한다. 그는 여행을 통해 50대에 사업가로 변신한다.

나는 귀국 후에도 국내외를 수천 번 여행하면서 수필집과 시집, 『세계여행문화탐방』, 『문화관광』, 『관광자원해설』 등 다수의 대학교재를 발간하고, 학자와 작가로 왕성하게 활동한다.

이집트 여행

최기종

여름을 기다리는 이유는
단지 미지의 세계로 떠나기 위함이다
색다르게 다가오는 여행의 동경에
나는 날마다 몸살을 앓는다
젊음의 날들을 지나
무더위에 시들어버린 과일처럼
축축 처지는 일상을 벗어나기 위한 처절함
나일강의 풍요를 만나고서야
새로운 아침을 맞이할 수 있으리라

훌륭한 여행자의 길을 막아서는
50℃를 넘나드는 뜨거운 숨결 속에서
신의 은총에 검게 그을린
이집트의 노인과 아이를 보았다
거대한 룩소르 신전의 이글거리는 눈빛은
사람의 눈가에 서린 우수를 조롱하고 있다
신을 바라는 가난한 사람들의 이야기
태양을 이고 사는 깡마른 노인에게는
이곳이 회생할 수 없는 땅이거늘.

Chapter 02

나이아가라 폭포

하계방학을 이용해 전산과 G교수와 미국의 뉴저지New Jersey로 간다. 뉴저지는 뉴욕New York에서 자동차로 40분 거리에 있으며, 미국에서도 가장 아름답고 살기 좋은 곳이다. 도시는 푸른 잔디와 울창한 나무 사이로 별장 같은 저택이 즐비하게 들어서 있다.

집에 다다르자 G교수 형제들이 반갑게 맞이해 준다. 집은 2층의 조립식 건물이다. 집 주변은 아름드리의 떡갈나무가 빽빽하게 우거져 있고, 부드러운 금잔디가 카페트처럼 사방으로 깔려 있다. 가족들은 그림 같은 저택에서 풍요로운 삶을 영유한다.

나는 마을을 한 눈에 바라볼 수 있는 2층의 게스트룸guest room에 머문다. 건물 지하에는 당구대가 설치돼 있어 가끔 가족들과 함께 게임을 즐긴다. 숲속에서의 전원생활은 매우 행복하다. 때때로 토끼와 다람쥐가 다가와 속삭인다.

나는 뉴저지에서 G교수 가족과 1개월간 체류하면서, 뉴욕New York과 동부의 카지노 도시 애틀랜틱시티Atlantic City로 여행을 가기도 한다. 뉴욕에서는 배를 타고 자유의 여신상과 섬을 일주하고, 애틀랜틱시티에서는 카지노 게임을 경험해 보기도 한다. 그날은 운 좋게도 이익을 챙긴다.

미국 생활에 적응해 갈 무렵, G교수 가족과 함께 미국 · 캐나다 국경에 자리한 나이아가라 폭포Niagara Falls를 간다. 우리는 아침 9시에 예약된 관광버스에 올라 1박 2일간의 일정으로 여행을 떠난다.

도심지를 벗어나자 광활한 벌판이 한눈에 들어온다. 창밖으로 보이는 벌판은 가도 가도 끝이 없다. 농부들은 소형항공기를 이용해 씨앗을 뿌리고, 최첨단 기계로 농작물을 거둔다. 미국이 세계적인 식량 원조 국가라는 것을 실감케 한다.

세계 10대 폭포 중 하나인 나이아가라 폭포Niagara Falls는 뉴욕에서 9시간이 소요될 정도로 아주 먼 곳에 있다. 저녁 6시쯤에 나이아가라에 도착한다. 먼저 폭포 주변의 아담한 호텔에 여장을 푼다.

폭포의 장관을 가까이서 보려면, 캐나다의 퀸 빅토리아 공원Queen Victoria Park으로 가야한다. 폭포의 경치는 미국보다 캐나다 쪽이 단연 아름답다. 우리는 무지개다리 입구에서 캐나다Canada 입국 비자를 받고, 다리를 건너 경관이 가장 아름다운 퀸 빅토리아 공원으로 간다.

이곳에는 나이아가라 폭포를 보기 위해 세계 각국에서 모여든 수많은 관광객으로 북적인다. 폭포는 굉음을 내면서 낙하한다. 물안개 속으로 마치 성난 파도가 하얀 포말을 일으키며 달려드는 것 같다. 모두가 탄성을 지르며, 폭포의 웅장한 장관을 카메라에 담는다.

미국의 5대호의 하나인 이리 호수에서 흘러나온 나이아가라 강이 온테리오 호수를 향해 북류하는 도중에 형성된 것이 폭 1km의 나이아가라 폭포Niagara Falls이다. 폭포가 처음 발견된 것은 1678년에 프랑스 신부 루이 헤네핀의 기행문을 통해 유럽에 알려진다.

나이아가라 폭포는 강 한가운데 있는 코스트 섬으로 인해 크게 물줄기가 두 줄기로 갈라지는데, 아메리카 폭포와 캐나다 폭포로 나뉜다. 강의 우측은 미국의 뉴욕 주State of New York에, 좌측은 캐나다의 몬트리올Montreal에 속한다.

캐나다 쪽 폭포는 나이아가라 강의 본류가 흘러서 떨어진다. 낙차는 48m, 너비는 826m로 폭포의 중심이 침식돼 있어서 일명 '호스슈 폭포(Horseshoe Falls : 말발굽 폭포)'라고도 한다. 반면, 미국 쪽 폭포는 낙차 51m, 너비 323m이다.

우리는 캐나다 쪽에서 폭포의 위용을 보고, 다시 국경을 넘어 미국으로 돌아와 호텔에 투숙한다. 폭포에서 떨어지는 굉음 소리는 객실에서도 들을 수 있다. 물소리는 거친 듯하지만, 심신을 안정시키는 묘한 리듬이 있다. 나는 아름다운 자연의 소리를 들으며, 멀리 이국땅에서 달콤한 잠을 청한다.

다음 날 아침, 배를 타고 폭포 밑으로 접근하여 관광하는 '관광선 투어'를 신청한다. 거친 급류를 거슬러 폭포 밑으로 다가가는 모험은 정말 아슬아슬하고 스릴이 넘친다. 배가 폭포 가까이 갈수록 물보라는 하늘 높이 날아올랐다가, 다시 요란한 굉음을 내면서 아래로 쏟아진다.

나는 굉음에 그만 고막이 찢어질 것만 같아 귀를 막고 괴로운 표정을 짓는다. 마치 폭포의 밑은 폭우를 동반한 강한 폭풍이 불어오는 것 같고, 큰 물살과 함께 심하게 흔들린다. 배가 좌우 위아래로 요동을 칠 때마다 각국에서 온 관광객은 나라를 초월한 언어로 괴성을 지른다.

폭포 밑으로 쏟아지는 하얀 포말이 사정없이 퍼붓는다. 잠시 조용하다 싶으면 또다시 퍼붓는다. 그럴 때마다 공포에 질려 벌벌 떤다. 지옥이 따로 없다. '대문 밖 인생길은 살얼음판'이라더니, 모두 바닥에 주저앉고 만다.

나는 배의 난간을 꼭 잡고 버틴다. 하지만 인정사정도 없는 파도는 나의 얼굴과 온 몸을 마구 후려친다. 지칠 대로 지쳐 무섭다는 생각 외에는 아무것도 떠오르지 않는다.

"내가 단단히 미쳤지! 비싼 돈 내고 배를 왜 탔을까…?"

배가 물보라를 벗어나자 어느덧 폭포 위에는 아름다운 무지개가 걸린다. 나이아가라 폭포 주변에서는 항상 무지개를 볼 수 있는데, 이 무지개를 보면 '행운이 따른다'라는 속설이 있다.

날마다 위험천만한 관광선 투어를 하고 모두 무사한 걸 보면, 행운이 따른다는 속설이 맞긴 맞는가 보다. 공포의 시간이 지나고 환상적인 무지개를 보고 나서야, 이윽고 주변의 경치가 한눈에 들어온다.

위험한 순간을 보내고 난 후에 만나는 평온함은 평상시의 몇 곱절의 행복한 안식을 느끼게 한다. 거대한 폭포 아래서 공포를 느꼈던 위급한 시간이, 오히려 인생의 많은 부분을 돌아볼 수 있는 소중한 시간이었음을 뒤늦게 깨닫는다.

☐ 공포의 나이아가라

영국의 역사가 · 정치가 매컬레이Thomas Babington Macaulay는 "나이아가라 폭포를 보지 못한 사람은 폭포에 대해 희미한 개념밖에 없다"라고 설파한다.

또 독일의 시인 · 소설가 · 극작가 괴테Goethe, JohannWolfgangvon는 "여기 폭포가 솟는 것을 보라! 한번 떨어지니 다시 떨어지고, 기천幾千의 흐름이 되어 높이 공중으로 물거품을 올리고 있구나"라고 피력한다. 그는 또 "인생이란 그 폭포의 흐름과 같은 아름다운 음영 속에 있는

Chapter 03

나호트카 공무 여행

 러시아의 나호트카Nakhodka 방문 4박 5일간의 일정은, 일반적인 여행의 기대와는 달리 생각처럼 여유 있고 낭만적이지 않다. 포천시의 P시장과 우리는 날마다 긴장된 업무 속에서 '포천시'와 '나호트카' 간의 문화·스포츠 등 의향서를 체결한다.

 의향서 체결이 끝나자 상호 간 선물교환을 한다. 포천시의 기념품과 홍보물을 나호트카에 전달하자, 그들도 우리에게 기념품과 두꺼운 홍보 책자를 건넨다. 우리 쪽에서 증정한 홍보물은 나호트카에서 받은 홍보 책자와는 비교도 안 될 정도로 매우 빈약하다.

 포천시의 홍보물은 낱장으로 되어있는데, 나호트카의 홍보물은 컬러판의 큰 책자로 돼 있다. 200쪽에 달하는 책자에는 지역의 관광·산업·경제·무역·정치·문화·역사뿐만 아니라 지역민의 인물 사진과 동향까지도 세세하게 들어가 있다.

얼굴이 화끈 달아오른 P시장이 내게 다가오더니, "최 교수님! 귀국하면 홍보 책자 제대로 만들어 주세요"라고 하면서 즉석에서 연구용역을 발주한다. 나는 귀국 후 홍보 책자를 집필한다.

이번 나호트카 방문은 시장·시의원·대학교수·경제인·주민대표·언론인·태권도 감독 등 자신의 분야에서 전문성을 가진 사람이 동행하여 수고를 아끼지 않는다. 포천시를 발전시킬 소정의 성과를 올리고 나니, 이제까지의 힘들었던 순간이 도리어 추억할 만한 소중한 시간으로 다가온다.

나는 그동안의 힘들었던 공식 일정을 무사히 마치고, 집으로 돌아간다는 생각에 밤새 설레다가 아침 일찍 일어난다. 커튼을 열고 밖을 보니 함박눈이 소리 없이 내린다. 눈은 새벽부터 내리기 시작했는지 10cm 정도 소복하게 쌓여 있다.

호텔에서 아침 식사를 하고 서둘러서 공항으로 향한다. 블라디보스톡Vladivostok으로 가는 도로변에는 눈이 많이 쌓여 있다. 반대편에서 오는 차량 서너 대가 벌써 눈에 미끄러져 차체가 찌그러져 있다.

4시간의 긴 여정 끝에 조금 여유 있게 블라디보스톡 국제공항에 무사히 도착한다. 공항에서 수하물을 탁송하고 출국수속을 마친 뒤, 2층 대합실에서 인천행 탑승을 기다린다.

탑승은 순조롭게 진행되어 오후 3시에 인천행 항공기에 탑승한다. 눈은 계속해서 내린다. 시간이 흐를수록 눈보라가 세차게 휘몰아친다. 항공기는 활주로에 얼어붙었는지 제자리에서 미동도 하지 않는다.

2시간쯤 후에 "기상악화로 이륙할 수 없습니다"라는 기내방송이 흘러나온다. 모든 승객은 항공기에서 내려 다시 입국심사를 받고 탁송했던 수하물을 되찾는다.

우리는 긴장한다. 국제전화를 걸 수도 없는 상황이라 어찌할 바를 모른다. 그러나 '하늘이 무너져도 솟아날 구멍이 있다'라고 하지 않았던가? 다행히도 러시아의 블라디보스톡에서 근무하는 한국인의 도움으로 휴대폰을 빌려 각자의 집으로 연락한다.

저녁 식사는 기내용 도시락으로 대신한다. 난민처럼 계단에 옹기종기 모여 앉아 도시락을 먹는다. 식사 후 국제선 청사에서 시설이 비교적 깨끗한 국내선 청사로 걸어서 이동한다. 눈보라가 몰아치자 모든 교통수단은 통제된다.

눈 속에 끌고 온 수하물手荷物은 국내선 청사 지하 1층에 보관시킨다. 승객들은 항공사 측에서 내준 버스를 타고 시내의 숙소로 향한다. 항공사 직원은 "탑승객이 많아 숙소를 세 곳으로 분산시켜 투숙시킵니다"라고 설명한다.

호텔 앞에 다다르자 우리 일행 중 6명의 이름을 부른다. 운 좋게 내 이름도 호명된다. 그런데, K계장이 "최 교수님은 우리와 함께 갑시다. 아마 좀 더 좋은 호텔로 갈 것 같습니다"라고 하면서 내 손을 꼭 잡는다. 나는 하는 수 없이 의자에 그대로 주저앉는다.

버스는 계속해서 시내를 빙빙 돌더니 다시 공항 쪽으로 간다. 숙소가 부족해 다시 공항으로 되돌아온 나머지 8명은 외국에서 노숙 체험을 한다. 공항 대합실에 도착하니 눈앞이 캄캄하다. 공항에서는 잠을 잘 수 없는 상황이고, 공항 직원들은 매우 불친절하다.

"아까 호명할 때 내릴걸…."

나는 일행에게 "따듯한 방에서 자는 것은 어려울 것 같습니다. 빨리 포기하는 것이 현명합니다"라고 말한 뒤, 먼저 마실 물부터 찾아본다. 대합실에는 생수대가 없다. 나는 일행을 불러 "밤을 지새우려면 생수부터 확보해 두어야 합니다"라고 외친다.

처음엔 너무 당황했는지 아무도 우리 앞에 닥친 현실을 믿으려고 하지 않는다. 잠시 마음을 진정시킨 뒤, 우리는 서로 팔짱을 끼고 강한 눈보라를 헤치고 밖으로 나가 생수와 맥주 몇 병을 산다.

공항의 차가운 대리석 바닥에 쪼그리고 앉은 우리는, 어렵게 구해온 맥주를 종이컵에 따른 다음 "조국을 위하여…!", "포천시를 위하여…!"라고 외치면서 단숨에 들이킨다.

자정이 되자 우리는 잠자리부터 찾아본다. 나는 대합실 1층에 간신히 누울 수 있는 비좁은 난간을 찾아 윗옷을 깔고, 귀중품을 가슴에 꼭 품고 새우잠을 청한다.

"타국에서 노숙露宿을 하다니, 지금쯤 따뜻한 집으로 돌아가 편안한 잠을 자고 있어야 하는 것이 아니던가…?'

온풍기가 옆에 있어 얼어 죽지 않은 것이 천만다행이다. 아침에 일어나 서로 얼굴을 보니 팅팅 부어있다. 잠을 설친 일행은 부스스한 모습을 하고도 서로를 위로해 준다.

아침 10시가 되자 안내방송이 나온다. 10시 30분에 출국수속을 하라는 방송이다. 우리는 곧 떠날 것으로 기대하고 수하물을 탁송한다. 그러나 많은 시간이 흘러도 탑승하라는 방송은 나오지 않는다. 12시가 되자 점심이 나온다. 메뉴는 어제와 똑같은 기내용 도시락이다.

오후에도 별다른 대책 없이 시간은 계속해서 흘러간다. 밖에는 어둠이 내린다. 이른 아침부터 저녁때까지 공항에 갇힌다. 오후 5시가 되자 기내용 도시락이 또 나온다. 이번에도 똑같은 메뉴이다. 너무 화가 났지만, 사회주의 국가라 불평을 할 수도 없는 일이다.

시간이 얼마나 흘렀을까…? 대기시간 18시간 만인 오후 8시에 드디어 탑승수속을 알리는 안내방송이 흘러나온다. 눈물이 글썽거려질 정도의 감동과 기쁨을 안고 탑승한다. 이윽고 항공기는 미끄러운 활주로

위를 달달 거리면서 간신히 이륙에 성공한다. 우리는 반가운 마음으로 소리를 지른다.

"우~라(만세)…!"

내 조국과 보금자리에 대한 소중함을 깨닫게 된 나는, 눈을 지그시 감고 따뜻한 보금자리를 그려 본다….

☐ 나호트카에서 얻은 결실

나는 수업이 없는 날이나 주말을 이용해, 포천시 '홍보 책자'를 집필한다. 포천시 전역의 관광지를 직접 답사하면서, 5만 장에 달하는 사진을 촬영한다. 약 3개월 동안 집필을 마치고, 240쪽에 달하는 컬러판 홍보 책자 『포천』, 소책자 『포천문화유적탐방』을 발간한다.

페르시아의 시인 '사디Musharrif od-Dīn Muṣlih od-Dīn'는 "여행을 하는 것은 많은 이익이 있다. 그것은 신선함을 마음에, 놀라운 일에 대한 견문, 새로운 도시를 보는 기쁨, 모르는 친구와 만나는 것, 고결한 예법 禮法의 습득이다"라고 역설한다.

'유능한 지도자'가 되고 싶으면, 자기계발에 힘써야 한다. 자기계발이란 '잠재하는 자신의 슬기나 재능, 사상 따위를 일깨워 주는 것'을 말한다. 자기계발을 하는 데는 많은 시간과 비용이 든다. 인생은 시간과 비용 투자 없이 거저 얻어지는 것은 아무것도 없다.

자기계발을 하는 데 가장 필요한 것은 여행과 독서, 다양한 경험과 지식 습득, 자격증과 학위취득, 어학연수나 기술 습득 등 여러 가지 방법이 있을 수 있다. 이 중에서 가장 먼저 여행travel을 추천하고 싶다.

그렇다고 직장을 사직하고 여행에만 몰입하라는 뜻은 절대 아니다. 직장인은 주말과 휴가철을 이용하고, 교직에 종사하는 분은 주말과 방학 등을 활용해서 여행을 즐기면 된다. 여행 후에는 반드시 기록으로 남겨야 훗날 '큰 업적'을 남길 수 있다.

노숙

최기종

소리 없이 쌓이는 눈은
집으로 가는 길을 차단했다
세상의 흔적을 지우려는
무서운 눈보라의 횡포 앞에
그저 떨고만 있는 부동의 나무들
정착된 이념을 벗지 못하는
철저한 피동이다
스스로 벗어야 할 운명과
생각하고 극복해야 할 시간
고뇌를 위한 즉석만찬이 열렸다
러시아 블라디보스톡 공항
찬 대리석 바닥에 앉아
식은 기내용 도시락을 마주하는
눈빛이 내내 불안하기만한데
시원한 맥주를 겁 없이 따라들고
고국의 언어로 외치는
"위하여…!"는
진정 누구를 위함인가

머릿속처럼 하얀 세상에서
아무런 대책 없는 나
좁은 벤치에 몸을 붙이는
작은 개미가 되었다.

Chapter 04

눈꽃 핀 황산

12월 초순 동계방학을 이용해 15명의 학생을 인솔해 중국으로 간다. 현지에 도착하니 추운 날씨 탓인지 거리를 오가는 행인도 뜸하다. 우리는 늦은 밤 호텔에 도착해 여장을 푼다. 비수기off-season라 그런지 투숙객도 별로 눈에 띄지 않는다.

다음 날 아침, 영화 '와호장룡'의 촬영지인 비취 계곡을 답사하고 황산黃山으로 이동한다. '황산풍경구'는 중국 안후이성 남동부에 위치하며, 1990년에 유네스코에 의해 '세계문화유산'으로 지정된다. '황산에 돌아오면 다시는 다른 산을 쳐다보지 않는다'라는 말이 있을 정도로 산세가 매우 수려하다.

등산로 입구에 도착하자 눈이 쏟아지기 시작한다. 학생들은 "눈이다!"하면서 아이들처럼 신이 나 있다. 그러나 나는 걱정이 많다. 학생들의 복장을 살펴보니, 등산복 차림의 학생은 별로 눈에 띄지 않는다.

어떤 학생은 구두에 청바지를 입고 있다. 출발 전에 그렇게 당부했는데 귀담아듣지 않았나 보다. 정말 진퇴양난이다. 숙소는 해발 1천860m의 정상에 있다. 우리는 무조건 산에 올라가서 1박을 해야만 한다.

산에 오를 때는 1박을 하는 데 꼭 필요한 속옷, 세면도구와 귀중품 등 작은 배낭에 담을 수 있는 물품만 가지고 간다. 나머지 수하물은 우리가 타고 온 버스의 화물칸에 그대로 보관한다.

우리는 서둘러서 케이블카에 탑승한다. 케이블카는 비탈진 계곡을 숨 가쁘게 기어오르듯 올라간다. 발아래 펼쳐진 풍광은 실로 장관을 이룬다. 깎아내린 듯한 절벽 사이에 자생하고 있는 세월 굽은 소나무 위에도 눈꽃이 핀다.

케이블카 역이 위치한 산 중턱에는 눈보라가 매섭게 몰아치면서 더 많은 눈이 내린다. 정상으로 오르는 계단 입구는 앞을 가늠하기 어려울 정도로 세찬 눈보라가 우리를 집어삼킬 듯이 요란한 소리를 내면서 겁을 준다.

산행에 앞서 다시 한번 복장을 점검하고 출발한다. 호텔까지 가려면 1만여 개의 계단을 밟고 가야한다. 입구에는 가파른 계단이 산 정상으로 길게 놓여 있다. 몇 개의 계단을 올랐을 뿐인데 벌써 숨이 찬다. 눈은 그 칠 줄 모르며 쏟아진다. 눈 덮인 황산은 결빙돼 눈꽃 세계로 변한다.

우리는 눈 속을 정신없이 걷는다. 때로는 넘어지고 미끄러지고 방향을 잃을 때도 있다. 대체 어디가 길이고 낭떠러지인지 분간하기도 어렵다. 가다가 비탈길을 만나면 엉금엉금 기어간다. 하지만 강행군을 할 수밖에 없다. 날이 어둡기 전에 호텔에 도착해야 한다.

우리의 얼굴은 벌써 까칠하고 빨갛게 얼어 있다. 나는 구두에 청바지를 입은 학생을 걱정했지만, 어려운 상황 속에서도 적응을 잘한다. 우리는 일렬로 조심조심 앞만 보고 걸으면서도 목이 마를 때는 눈꽃을 따먹는다. 눈꽃은 허기에 지친 몸과 갈증을 시원하게 해소해 준다.

얼마나 눈 속을 걸었을까? 우리는 4시간의 사투 끝에 호텔에 무사히 도착한다. 눈 덮인 가파른 계곡에 자리한 호텔은 아담하다. 주변은 온통 눈으로 덮여 있고, 기암절벽이 병풍처럼 감싸고 있다.

"산속에 이런 호텔이 있다니…."

가이드는 "호텔을 지을 때 사용한 자재는 모두 사람이 손수 운반해서 지은 것입니다"라고 설명한다. 그는 또 "중국인이기 때문에 가능한 일입니다"라고 하면서 설명을 덧붙인다. 따뜻한 호텔 방에서 창밖을 보니 눈은 여전히 소리 없이 펑펑 내린다.

밤새 내리던 눈은 아침이 되자 뚝 그치고, 창가로 밝은 햇살이 쏟아져 들어온다. 아침 일찍 일어나 식사를 한 다음, 일출을 보면서 하산한다. 눈은 무릎까지 쌓여 있다. 우리는 앞서간 사람의 발자국을 따라

한발씩 전족纏足한 여인처럼 걷는다.

산 정상에 오르자 태양이 장렬하게 떠오른다. 어두운 계곡은 순식간에 환하게 밝아진다. 밤사이 운무와 하얀 눈에 가려졌던 산 정상에는 리에화평, 티엔두평, 쾅민딩 등 72개의 장엄한 봉우리가 눈앞에 그림처럼 펼쳐진다.

"와…! 멋지다…!"

'바위 위의 한 그루 소나무가 붓을 닮은 모양을 하고 있다'고 해서 이름 붙인 멍삐성화(몽생필화), '일출과 운해를 보기에 가장 좋은 곳'으로 정평이 난 청량팅(청량대) 등 황산을 대표하는 명소가 우리를 흥분시킨다.

세상 밖으로 고개를 내민 눈 덮인 기암괴석은 마치 '품평회'라도 여는 듯 저마다 자태를 뽐낸다.

환희의 순간을 딛고 서니 잔뜩 긴장하며 고생했던 어제의 일들이 주마등처럼 스쳐간다. 천하를 발아래 두고 자연을 누리는 기쁨은 말로 표현할 수 없다.

극한의 상황을 이기고 난 후의 이채로운 감상은 우리의 인생을 새삼 돌아보게 한다. '힘겹게 언덕을 올라야, 그 너머의 아름다운 벌판을 볼 수 있다'라는 말을 실감하며, 눈앞에 웅장하게 펼쳐진 위대한 조물주가 만든 아름다운 걸작傑作을 물끄러미 바라본다.

☐ 황산의 높은 기상

큰 산은 인간의 고뇌와 번민을 어루만져 준다. 막상 산 정상에 오르면, "참 잘 왔구나"하는 생각이 들 것이다. 결심은 늦어도 행동은 민첩해야 많은 것을 얻을 수 있다.

'산은 마음의 고요와 고상함이다.' 높은 덕德이 솟은 큰 산을 오르면, 마음의 그릇이 커지면서 순수해진다. 산이 크면 클수록 그늘도 큰 법이다. 나는 황산의 높은 기상을 바라보면서 시를 읊는다.

> 나는 황산을 품고
> 황산은 나를 품다.
>
> 최기종 제4시집 「상큼한 사랑」 중에서

국가나 기업경영, 인생의 어려운 문제가 있을 때 산에 올라가서 해결하면 좋다. 국가지도자 중에 '후르시초프(러시아 공산당 서기장), 존슨(미국 17대 대통령), 네루(인도의 독립운동가)는 산행하면서 얻은 아이디어를 국가경영에 반영한 것'으로 알려져 있다.

논어論語에 "군자는 태산처럼 크지만 교만하지 않고, 소인은 교만할 뿐 크지 않다"라는 말이 나온다. 사람은 포부를 크게 갖되 교만해서는 절대 안 된다. 즉 인간은 자연의 작은 미물에 불과하다. 자연 앞에선 항상 겸손해야 하고, 자신을 특별한 사람으로 생각하거나 높이면 안 된다.

진정한 나를 찾으러

최기종

백설이 발목 잡는 시간
한 치 앞 모르는 절벽을 오른다
가슴을 할퀴는 눈보라와 실랑이하는 입김
어느 결에 익숙한 얼굴이 사라졌다
'황산에 돌아오면
다시는 다른 산을 쳐다보지 않는다'
하면
이제 더 이상의 외도는 없을 터
뜨거운 시간으로 오르기만 올라라
장송이 팔 벌려 반기리라
날마다 내 안에 둥지를 틀던 적은
절반의 생을 살아오는 동안
온전한 쉼에 대하여
얼마나 충동을 느꼈을 것인가
'중턱에서의 감미로운 휴식은 독이다'
정상을 향해 숨 가쁘게 도는 눈꽃처럼
얼어붙은 오늘을 딛고 서 있는 나
전족纏足한 여인처럼 뒤뚱거리며
눈꽃 핀
높은 황산을 오르고 있다.

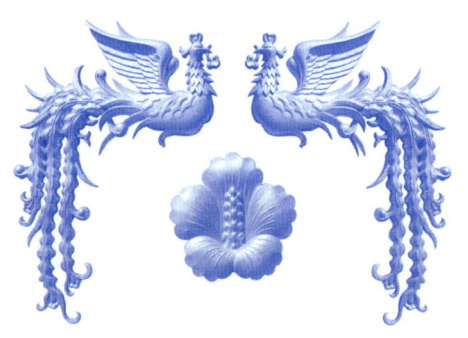

2
경험의 힘

소중한 경험

로마의 황제 시저G.J. Caesar는 "경험은 모든 사항에 스승이 된다"라고 주장한다. 그리고 최영일(2022)은 "과거의 경험이 현재의 나를 만들었고, 나의 경험이 모이고 쌓여서 나라는 존재를 이루고 있다. 단언컨대 과거 내가 해온 경험이 현재 나의 존재를 규정한다"라고 하면서 '경험의 힘'을 강조한다.

그리스 최고의 사상가 아리스토텔레스Aristoteles는 "인간은 태어나면서부터 알고 싶어한다"라고 피력한다. 단순히 머리로만 알고 있는 얕은 지식은 가치 있는 지식이 아니다. 즉 경험을 통해 얻은 지식이라야 가치가 있다. 그래서 경험을 '과학의 어머니'라고 한다.

나는 지난 15년 동안 각 부처의 '정부위원회 위원'을 역임하면서 운신의 폭을 넓힌다. 그리고 주말과 방학 기간에는 국내외의 축제를 연구한다. 이러한 연구를 바탕으로 연천 '전곡리구석기축제', 포천 '명성산억새꽃축제', 춘천 '막국수닭갈비축제' 등을 기획·감독하면서 지역

축제를 크게 성공시킨다.

　이렇듯 자신의 일상 생활권을 떠나 국내외의 여러 지역과 국가를 여행하면, 자신이 추구하는 분야에서 풍부한 경험과 다양한 지식을 얻을 수 있다. 또 경험을 통해 긍정적인 사고와 자신감을 얻게 되고, 꿈을 키워 위대한 업적을 남길 수 있다.

　이탈리아의 시인 호라티우스Quintus Horatius Flaccus는 "바다를 건너가는 사람은 혼魂이 달라지는 것이 아니라 풍토風土가 달라진다"라고 설파한다. 풍토와 삶이 바뀐 나는 수시로 여행을 다닌다.

　누구나 여행길에 오르면 새로운 경험과 지식을 얻을 수 있다. 지식은 독서를 통해서도 얻지만, 경험을 통해서도 얻게 된다. 즉 스스로 체험하면서 얻은 소중한 경험과 지식은 그 가치가 크고 위대하다.

　손무孫武와 손빈孫臏이 고전장을 직접 답사하고, 수많은 '전쟁 경험'을 통해 집필한 『손자병법』은 '춘추 말기의 군사 학설 및 전쟁 경험을 묶은 책'이다. 즉 전쟁 경험에서 손수 체험해서 집필한 『손자병법』은 당대 '최고의 명저'로 인정을 받게 된다.

　지식과 힘은 동의어이다. 지식은 힘 이상의 것이며, 지식은 부富의 영원한 샘이다. 사람에게 꼭 필요한 무기는 해박한 지식이다. 참된 지식은 여행과 소중한 경험에서 솟아난다. 즉 참된 지식과 경험은 사람이 어떠한 고난과 역경에 처하게 될 때 지혜를 발휘하게끔 도와준다.

Chapter 01

청와대 영빈관 오찬 간담회

세상은 빠르게 변화하고 있다. 변화하지 않으면 앞서갈 수 없으며, 변화하지 않으면 살아남기 어려울 만큼이나 빠른 속도로 세상이 변하고 있다. 즉 변화하지 않으면 살아남을 수 없는 세계화 시대에, 대응하는 전략을 세운 것이 '노무현 정부의 핵심 정책'이다.

나는 바쁜 일정 속에서도 '정부혁신전문가'로서, 지방자치단체를 방문해 종합적으로 업무를 점검하고, 최종적으로 내용을 다시 한번 검토해서 과제별로 점수를 부여한다. 이로써 그간 여러 달 동안 밤을 새워 막중한 업무를 수행했던 '국정업무평가'를 무사히 마친다.

오늘은 평가위원의 그간의 노고를 위로하기 위한 행사가 '청와대 영빈관'에서 열린다. 나는 노무현 대통령이 특별히 마련한 '정부혁신전문가 오찬 간담회'에 참석하기 위해, 오전 10시 30분에 정부중앙청사 별관으로 간다.

먼저 2층 강당 입구에 마련된 참석자 명단에 서명한다. 안내자료를 수령하고 안으로 들어가 '참석자 사전교육'을 받는다. 사전교육은 행사 일정, 테이블 번호, 차량 번호, 사진 촬영 위치 등에 관한 내용이다. 사회자는 "내용을 모두 숙지하고, 휴대전화의 전원을 끄고 화장실은 미리 다녀오십오"라고 강조한다.

대통령과 오찬을 하는 동안에는 화장실을 갈 수 없다고 해서, 나는 내용을 숙지하고 화장실부터 다녀온다. 우리는 경호관의 안내에 따라 각자의 버스에 빠르게 승차한다.

차량은 11시 30분에 복잡한 광화문 대로를 지나 청와대 영빈관으로 출발한다. 차량이 광화문과 경복궁 담벼락을 지나자 파란색의 기와집이 눈에 들어온다. 나는 청와대를 처음 방문하는 것은 아니지만, 대통령의 초대를 받아 가는 일은 처음 있는 일이라 그런지 맘이 뿌듯하다.

영빈관 앞에 다다르자 큰 대문이 열린다. 버스는 나란히 들어가 영빈관 앞에 정차한다. 모두 질서정연하게 하차한 뒤, 영빈관 1층 로비에 설치된 보안검색대에서 신체와 휴대품에 대한 검색을 마치고 2층으로 올라간다.

영빈관 내부는 웅장하고 깔끔하다. 정면 벽면에는 무궁화와 봉황이 화려하게 장식돼 있다. 홀 앞쪽에는 헤드테이블head table을 중심으로 20여 개의 둥근 테이블이 세팅돼 있다. 오찬 장소는 더할 나위 없이 만족스럽다.

내게 지정된 14번 테이블을 찾아가 이름을 확인한다. 함께 동석한 분들과 인사를 나누고 자리에 앉는다. 전통의 매듭이 곱게 매달린 메뉴판에는 노무현 대통령 내외분의 사진과 행사 일정, 오찬 메뉴, 참석자 명단이 새겨져 있다.

정각 12시에 대통령 내외가 입장한다. 모두 자연스럽게 자리에서 일어나 박수를 보낸다. 대통령 내외분은 얼굴에 환한 미소를 지으며, 손을 흔들어 화답한다. 이윽고 식순에 따라 개회가 선언되고, '정부혁신 도전과 성취'에 대한 동영상이 방영된다.

동영상이 끝나자 국정과제 참여에 대한 대통령의 감사 말씀, 참석자 소개, 건배 제의가 이어진다. 기대하던 오찬을 먹기까지는 꽤 한참을 기다린다. 요리는 중식이다. 메뉴는 해삼 버섯 요리, 게살 샥스핀 스프, 송이 관자 브로콜리, 닭고기 로딩 콩 볶음, 부추 피망 소고기볶음과 꽃빵, 양주 볶음밥, 야채탕, 행인 홍시 시미로가 코스로 나온다.

우리는 조용히 담소를 나누면서 성대한 오찬을 즐긴다. 요리는 신라호텔 직원들이 서빙을 해 준다. 깔끔한 분위기에서 오찬을 즐기는 기분은 말로 표현할 수 없을 정도로 감회가 남다르다.

오찬 뒤에는 '정부혁신평가'를 수행하면서 보고 느낀 점을 발표한다. 끝으로 대통령께서 오찬을 마무리하는 말씀을 한다. 우리는 대통령 내외분과 기념사진을 촬영하기 위해 1층으로 이동한다. 나는 잠시 대기했다가 3조 앞줄에 선다. 촬영은 순식간에 진행된다.

멀게만 느껴지던 백성의 어버이를 가까이 대면하고, 이야기를 나누고 고충을 듣고 옆자리에서 기념촬영을 마치고 나서야 푸근하고, 인심 좋은 대통령 내외분을 알게 된다. 우리는 대통령께 인사를 하고, 타고 왔던 버스에 승차한다.

버스는 영빈관을 나서자 광화문 쪽으로 달리기 시작한다. 위원들의 표정은 출발할 때와는 다르게 매우 밝아 보인다. '정부혁신전문가'로서 청와대 영빈관에 초대를 받아 오찬을 하는 일도 간단하지만은 않지만, 참 유익한 시간을 보낸 것 같다.

청와대가 진작 누구에게나 열린 공간이었다면, 또한 대통령이 누구나 만날 수 있는 가까운 사람이었다면, 서로의 노고에 진정한 박수를 보낼 수도 있었으련만….

◻ 국가인재 등록

'시작이 반이다'라는 말이 있다. 즉 처음에 시작하기 어렵지 일단 시작을 하고 나면, 끝마치는 것은 그리 어렵지 않다. 사람은 무슨 일을 하든 목표와 계획을 잘 세워서 열심히 추진하면, 각자 자신의 분야에서 '최고'가 될 수 있다.

자신이 세운 목표와 비전이 확실하면, 꿈을 이룰 가능성은 그만큼 커진다. 막연한 꿈이라도 없는 것보다는 있는 것이 낫고, 크게 세우면 대성할 수 있다. 처음 접하는 업무라고 해서 겁을 먹거나 주저하지 말고 일단 도전하는 일이 중요하다.

여행과 다양한 경험, 학자 겸 작가로서 비록 미력하나마 조금 향상된 필력筆力을 바탕으로 노무현·이명박·박근혜·문재인 정부까지 오랜 세월 동안 '대통령 100대 국정과제'를 평가·심의 의결하는 업무를 성실하게 수행한다.

정부의 핵심 부처인 행정안전부로부터 인정을 받은 뒤, 곧바로 대통령소속 실무위원, 국무총리실 평가위원, 행정안전부 합동평가위원, 행정안전부 지방규제개혁위원, 국가보훈부 자체평가위원 등에 위촉된다.

또 오랫동안 쌓아온 '정부위원회의' 다양한 경험과 성실하고 책임감 있는 업무 수행으로, 노무현 정부 때 '국무총리 표창'을 수상하고, 박근혜 정부에 들어와서 인사혁신처의 '국가인재(문화·예술·관광 분야)'에 등록된다. 그리고 문재인 정부 때 '대통령 표창'을 수상한다.

Chapter 02

대통령실 풍수

졸저 『대통령의 자리 권좌(2025)』에서 서술한 바와 같이, 우리나라의 풍수風水는 신라 말 고려 초 풍수지리설의 대가인 도선국사(道詵國師 : 827-898)에 기원을 두고, 고려 시대의 수도 개경의 궁궐터를 정하면서부터 발전한다. 그는 당대 최고의 고승으로 추앙받던 승려로서, '어떠한 지형 하나만 보고도 앞으로 닥쳐올 길흉화복吉凶禍福을 예언하는 능력을 가졌다'라고 한다.

풍수지리는 크게 ① 집과 건물의 터를 잡는 '양택풍수陽宅風水' ② 묏자리를 잡는 '음택풍수陰宅風水'로 나눈다. 여기서 양택은 '산사람', 음택은 '죽은 사람의 안장지'이다. 이처럼 풍수는 집과 마을의 입지나 국가의 도읍지 선정에 영향을 끼쳤고, 토지 이용에도 중요한 역할을 한다.

풍수의 의미는 일상적이고 평범한 생활환경을 대변해 준다. 여기서 ① 풍風은 '기후와 풍토'를 지칭하고 ② 수水는 '물과 관계된 모든 것'을 가리킨다. 사람의 몸속에 신경-피-경락이 흐르듯 땅도 살아서 기운이 흐른다. 즉 혈관을 통해 영양분이 운반되는 것처럼, 풍수에서도 땅속을 돌아다니는 생기生氣가 있다고 본다.

좋은 생기가 많이 모이는 곳이 명당이다. 산 모양과 기복, 바람과 물의 흐름으로 명당을 찾아 땅을 이용하는 것이 풍수의 기본 원리이다. 오늘날까지도 풍수의 영향은 전국의 곳곳에 남아 있으며, 그 원리에 따라 배산임수背山臨水 지역에 자리한 촌락을 쉽게 볼 수 있다.

풍수는 자연과 인간의 교감이나 조화를 중시하는 생태학과도 연결되기 때문에, '자연에 강제성을 가해서는 절대 안 된다.' 또 풍수는 환경의 중요성을 깨우쳐 주는 역할도 하고 있어, 반드시 자연에 순종해야 한다.

▢ 용산 대통령실 풍수

2021년에 필자가 분석한 용산 '대통령실' 풍수는 ① 필요 이상의 사치와 예산 낭비 등 옳지 못한 인간관계로 국가에 큰 손실이 발생하고 ② 온갖 시련과 고난 등이 따르고 ③ 의지와 상관없이 원하는 방향으로 쉽게 움직이지 못한다.

특히 음陰의 기운이 강한 용산 '대통령실'은 ① 왕王의 자리가 아니라 ② 무관武官의 자리이다. 그래서 국방부나 군부대, 경찰청 등이 입주하는 것이 좋다. 윤석열 정부가 적어도 100년을 내다보고 옮겨야 하는데, 너무 성급하게 결정한 것 같아 아쉬운 마음이 든다.

프랑스의 작가 · 사상가 볼테르Voltaire는 "사람은 땅을 사용하고 유도하지만, 바꾸지는 못한다"라고 주장한다. 사람이 ① 좋은 땅에 살면 건강하고 복을 받지만 ② 땅의 기운이 막혀 있는 곳 ③ 나쁜 기운이 모인 곳 ④ 기운이 흩어진 곳에 살면 어려움에 처할 수도 있다.

독일의 작가 · 철학자 괴테Goethe는 "땅은 끊임없이 우리와 말하지만, 그 비밀은 고백하지 않는다. 우리가 땅에 달려들어 일을 추진해도, 그것을 지배할 아무런 힘도 가지고 있지 않다"라고 역설한다.

진실로 모든 일에 있어서 땅이 거들어 주지 않는다면, 사람이 영위하는 기술이나 기교는 조금도 발전을 보지 못한다. 언제나 사람이 자기 자신을 속이는 것이지, 땅은 결코 사람을 속이지 않는다.

▫ 종로 청와대 풍수

땅과 자연은 사람의 장점과 약점을 모두 알고 있다. 사람의 끊임 없는 근심과 약점은 쉽게 고칠 수 없는 병이다. 청와대 뒷산에는 해발 342m의 백악산白嶽山이 있다. 산이 높으면 골이 깊다. 골이 깊으면 나무와 숲이 무성하고 물이 많아 습기가 올라온다. 이처럼 평지가 아닌 산 밑 언덕, 즉 음陰의 기운이 강한 곳에 '대통령 집무실'을 두는 것은 바람직하지 않다.

풍수에서 ① 하늘과 태양은 '양陽'으로 구분하고 ② 지구와 물은 '음陰'으로 구분한다. 공자孔子는 "물[水]의 기운에서는 언어장애가, 목木의 기운에서는 척추환자가 발생할 수도 있고, 언덕[丘]과 산山 밑에는 습기가 많아 종기가 생길 수도 있다"라고 주장한다.

필자가 분석한 종로 '청와대 풍수'는 ① 진행 중인 것도 논쟁으로 다투고 ② 사소한 일에도 말썽과 소동이 일어나고 ③ 공개적으로 대놓고 싸우는 형국이다. 그래서 청와대 근무자도 이 생각 저 생각으로 늘 고민이 많았을 것이다.

독일의 철학자 니체Nietzsche도 "땅을 거스르는 것이 가장 무서운 일이다"라고 강조한다. 원래 땅은 말이 없는 생명의 샘이라서, 순리대로 진행되어야만 변고 없이 지낼 수 있다.

땅은 사람의 육신을 건강하게 유지해 주고, 사람의 마음도 기쁘게 해 준다. 따라서 지난 '70여 년간 청와대와 대통령에게 기쁜 날이 없었다면', 이제라도 풍수의 중요성을 다시 한번 생각해 보면 어떨까?

Chapter 03

연천 전곡리구석기축제 위원

나는 한국과 일본에서 공동으로 개최하는 '2002년 FIFA 월드컵'에서 큰 경험을 쌓고 싶어, 대학교수 신분으로 자원봉사 '일본어 통·번역 분야에 지원한다. 인터뷰를 거쳐 높은 경쟁을 뚫고 최종 합격한다. 소정의 교육을 이수하고 수료증과 유니폼, 모자, 운동화, 휘장, 기념품, 식비, 교통비 등을 받는다.

봉사는 수업이 없는 날과 주말을 이용해서, 수원시청과 수원종합운동장을 오가며 한다. 주요 업무는 일본 관광객을 인솔해 수원종합운동장으로 안내하는 일이다. 또 그들에게 필요한 관광 정보를 제공하고, 때로는 경기장에 함께 들어가 응원을 보내기도 한다.

전 세계인의 관심 속에 FIFA 월드컵은 성공리에 막을 내린다. 결국, 월드컵을 개최한 우리나라는 국격國格이 한층 높아진다. 나는 30일간의 자원봉사를 통해 많은 경험을 쌓는다.

FIFA 월드컵이 끝난 어느 날, 연천군청 문화관광과장이 불쑥 내 연구실로 찾아와 연천 '전곡리구석기축제'를 도와달라고 요청을 해온다. 당시 구석기축제는 지역에서 열리는 아주 작은 행사로서, 알고 있는 사람이 거의 없었던 시절이다.

연천 전곡리유적은 30만 년 전에 우리나라에 구석기인이 살았다는 증거인 '주먹도끼'가 발견된 세계적인 유적지이다. 매년 5월 초순 경기 연천군 전곡리 임진강 변에서는 '선사 문화체험'의 축제가 열린다.

문화관광과장은 내게 '축제 자문'과 '학생 자원봉사' 두 가지를 구체적으로 요청해 온다. 축제 기간은 5월 어린이날 전후 4일간이다. 나는 FIFA 월드컵 자원봉사 경험을 떠올리며, 학생 120명에게 필요한 모자, 유니폼, 교통비, 식권, 숙소 등을 연천군에 요청한다.

120명의 학생 중 일부는 행사장 입구에 배치하고, 나머지는 각 체험 부스별로 배치해 행사가 원활하게 운영될 수 있도록 지도한다. 그리고 행사장 메인무대 근처에 '경복대학 자원봉사센터' 부스를 설치해, 아침부터 밤까지 상주하면서 학생들을 관리한다.

나는 과거 일본 도쿄에서 개최된 '세계 꽃꽂이 대회'에 한국 선수단을 인솔하는 등 국제적인 큰 행사에서 몸소 경험했던 다양한 노하우 know-how를 '전곡리구석기축제'에서 맘껏 활용한다.

결국, 구석기축제는 역사상 처음으로 크게 성공한다. 축제장에 문화재청장, 경기도지사, 연천군 주변의 시장·군수들이 찾아와 찬사를 아끼지 않는다. 그리고 관내 '포천시'의 P시장으로부터 러브콜을 받은 나는 포천시의 각종 축제와 정책에 관여해 큰 성과를 낸다.

나는 매년 봄에 학생 120명을 인솔해 구석기축제 자원봉사와 자문위원으로 참여했는데, 그때마다 축제는 점점 큰 성공을 거둔다. 그 후 구석기축제는 행사내용과 규모에 있어서 국내 최고의 축제로 자리매김하면서, '문화체육관광부 선정 우수축제'로 지정받는다.

▢ 축제 전문가로 발돋움

현대를 '축제와 이벤트의 시대'라고 해도 과언이 아닐 정도로 매년 전국에는 2천 개가 넘는 축제가 연례행사처럼 개최된다. 축제는 주로 봄·가을에 집중되지만, 여름·겨울에도 열린다.

축제의 종류는 문화예술이 가장 많고. 그밖에 전통과 역사, 지역특산물, 음식문화, 생태자원, 관광축제, 도자기, 농축산물, 연등행사, 크리스마스 축제 등 지역별로 크고 작은 축제가 개최된다.

그러나 지역별로 축제의 주제와 내용이 유사하고, 특성화되지 못한 천편일률적인 행사의 기획이나 집행, 예산의 과다 지출, 지역민 간의 갈등, 주최자(축제추진위원회)의 이권개입, 공금 횡령, 전문성 부족 등 많은 문제점을 안고 있다.

당시 구석기축제가 크게 성공할 수 있었던 점은, 축제의 주최가 관官주도로 추진됐기 때문이다. 연천군 K군수의 탁월한 리더십과 문화관광과의 적극적인 행정지원 덕분이다. 축제 기획은 전문가에 일임하고, 예산과 행정지원은 연천군이 철저하게 관리·지원한다.

나는 연천군 최초로 지역 축제를 크게 발전시킨 공로로 '감사패'를 수상한다. 덕분에 나도 축제를 통해 큰 경험을 한다. 특히 축제에 참여한 학생들에게는 '현장체험학습' 과목을 개설해 2학점을 부여한다. 학생들은 축제를 통해 강의실과 교과서에서 배울 수 없는 특별한 경험을 했을 것으로 본다.

그 후 구석기축제에서 경험한 노하우know-how를 관내의 포천시에서 열리는 각종 축제에 활용한다. 그 결과 포천시의 여건에 맞는 새롭고 다양한 축제를 기획·추진해 포천시로부터 많은 '위촉장'과 '공로패'를 수상하고, 명실상부한 '축제 전문가'로 발돋움 한다.

Chapter 04

후쿠시마 기온마츠리 연구

7월 하순에 나는 여름 방학을 이용해, 일본의 후쿠시마福島에서 열리는 대표 축제 '기온마츠리祇園祭'를 연구하기 위해 나리타成田 국제공항으로 간다. 공항을 벗어나자 일본의 농촌 풍경이 한눈에 들어온다.

울창한 산림 아래 2층짜리 일본 전통의 목조 가옥이 듬성듬성 들어서 있다. 일본의 농촌도 우리의 농촌처럼 사람의 그림자는 찾아볼 수 없을 정도로 조용하고 한적해 보인다. 농촌을 지나 깊고 깊은 골짜기를 아슬아슬하게 오르니 시퍼런 강물이 흐르는 계곡이 나타난다.

계곡을 따라 산속으로 깊숙이 들어가자 숲에서 나오는 풋풋한 풀 내음이 코끝을 스친다. 나무가 너무 빽빽하게 들어차 있어 그런지, 왠지 무섭고 오싹한 기분이 든다. 한낮인데도 숲속은 밤처럼 컴컴하다. 공항에서 '다지마 마을'까지는 승용차로 4시간이 소요된다.

다음날 '군청'으로 찾아가 신분을 밝히고, 인터뷰를 요청한다. 관광기획과의 축제 담당 직원은 매우 친절하게 대해 준다. 기온마츠리의 역사와 축제예산, 프로그램 등에 대해서 매우 상세하게 설명해 준다.

후쿠시마 기온마츠리祇園祭의 역사는 800년이며, 축제예산은 별로 들지 않는다고 설명한다. 그리고 축제 프로그램을 보여주면서 시간과 장소 등을 알려준다. 나는 '제800회'라는 설명을 듣고, "내가 잘못 들은 건 아닌가…"하면서 내 귀를 의심한다.

일본의 3대 축제(마츠리) 중 하나인 '기온마츠리'는 준비 기간 등을 계산하면, 거의 7월 한 달간 축제 분위기가 느껴져 수많은 관광객으로 인산인해를 이룬다. 축제는 9세기경 교토京都로 천도한 후에 '역병疫病을 물리치기 위해 신神에게 제를 올린 것'에서 유래한 것이라고 한다.

축제의 개막식은 애초 기대했던 깃보다, 12시 정오에 깅렬하게 내리쬐는 38℃의 땡볕 아래 도심의 사거리에서 열린다.

❶ 개막식은 매우 초라하게 진행된다. 우리처럼 높은 단상 위에 단체장·국회의원·기초의원·지역유지를 모셔놓고 한 분씩 소개하는 것이 아니다. 편안한 의자도 없이 아스팔트 바닥에서 많은 지역민·관광객과 동등하게 서서, 사회자가 주요 인사 몇 분만 간단하게 소개하는 정도이다.

❷ 축제 장소는 우리처럼 넓은 공터나 운동장이 아니라 도심의 도로와 골목이다. 도로 양편에는 상인들이 펼쳐놓은 먹거리 장터로 즐비하고, 좁은 뒷골목은 지역민이 모여 축제를 준비하는 장소로 활용된다. 즉 골목에서는 축제 참가자가 의상을 갈아입거나 휴식을 취하기도 한다.

❸ 화장실은 도심의 공공건물이나 병원 등의 가까운 화장실을 자유롭게 이용할 수 있다. 음식은 거리의 장터에서 구매한 후 상가 앞이나 골목에서 먹을 수 있다. 단, 쓰레기는 집으로 가져가거나 본인이 책임지고 철저하게 처리해야 한다.

❹ 식후 행사도 우리처럼 고가高價의 유명 연예인을 초청해서 화려하게 열지 않는다. 행사는 주로 사거리에서 열린다. 지역민이 평소 갈고 닦은 춤이나 무술, 무용 등의 솜씨를 맘껏 자랑한다. 즉 지역민은 출연료 등 아무런 조건 없이 기쁘고 흥겨운 맘으로 참가한다.

❺ 축제의 주인공은 유명 연예인이 아니다. 그 지역의 평범한 지역민 중에서 선발된 사람이 포스터의 모델로 등장한다. 또 축제 기간 내내 마을 지역민이 각종 프로그램에 참여하는, 이른바 지역민을 위한 자발적인 행사가 열린다.

❻ 음식 부스는 우리처럼 사전에 비용을 지불한 정해진 업소만 참가하는 것이 아니다. 누구든지 군청에 실비의 자릿세를 계산하면, 부스를 받아 지정된 장소에서 자정까지 영업할 수 있다. 단, 음식을 조리할 때는 실시간으로 보건소의 위생 검열을 받아야 한다.

❼ 메인 행사는 아침 7시에 시작해서 저녁 6시쯤 끝난다. 의식행사도 사거리에서 열린다. 이른 아침 남녀노소가 전통의상을 화려하게 차려입고, '팔행기'라는 기물에 소중한 무엇인가를 담아 긴 행렬을 이루며, 시가를 행진하면서 신사神社까지 간다

❽ 축제 기간 내내 도심의 가게는 대부분 문을 닫는다. 가게의 주인은 자신의 가게 앞과 대로변에서 먹거리 행사를 운영하는 상인들에게 최대한 협조한다. 먹거리를 운영하는 사람도 지역민·관광객에게 피해가 가지 않도록 청결 유지에 노력한다.

❾ 축제 내내 단 한 건의 사고나 고성방가 등 불미스러운 일은 보지 못한다. 쓰레기를 무단으로 버린 사람도 없고, 거리는 물론 뒷골도 매우 청결하다. 음식 부스에서 배출된 각종 쓰레기는 모두 각자의 집으로 가지고 간다. 매일 밤 먹거리 부스가 설치된 자리는 깔끔하게 정리된다.

❿ 일본의 축제는 지역민을 중심으로 행사를 기획하고 참여하는 이른바 관官·민民이 합심해서 행사를 진행한다. 축제를 성공적으로 치르는 그들을 보면서, 많은 축제예산으로 화려하게 개최되는 우리의 축제와는 사뭇 다르다는 것을 느낀다. 이제는 우리의 축제 문화도 혁신적인 변화가 필요하다는 생각이 든다.

▫ 일본 축제의 참모습

공직자들은 선진국의 발전된 모습을 보기 위해 매번 '선진지 견학'을 떠난다. 그런데, 몸은 현지에 갔어도 생각은 다른 곳을 향한다. 선진국의 새로운 문물이나 제도 등을 세세하게 관찰하지 못하고 대부분 빈손으로 돌아온다.

여행이든 견학이든 현지에서 무엇을 보고 무엇을 느끼느냐가 중요하다. 적은 월급을 모아 해외여행을 떠나보라. 투자한 돈이 아까워 뭐든 건지고 돌아온다. 물론 그렇지 않은 사람도 많다. 그러나 황제급 여행이나 공금으로 여행을 가면, 일단 먹고 놀고 보자는 의식이 팽배해진다.

문화는 나라마다 개인마다 다르다. 물론 선진국의 축제가 모두 좋다는 것은 아니지만, 예산을 들이지 않고 고장의 오랜 전통을 이어가는 외국의 축제에서 좋은 점은 배워야 한다. 앞으로 우리나라의 인구가 줄어들면, 세수도 더불어 감소된다. 예산을 절약하지 않으면 큰 위기를 맞을 수 있다.

일본에서 귀국한 나는, 포천 '명성산억새꽃축제'를 새롭게 기획한다. 알뜰하고 참신한 축제를 선보이자 지역민도 깜짝 놀라며 좋아한다. 그리고 포천 '제1회 개성인삼축제'를 기획하는 과정에서 가장 시급한 일은 부족한 화장실을 확보하는 문제였다. 한꺼번에 많은 관광객이 몰리면, 화장실 사용에 큰 문제가 생길 수 있기 때문이다.

나는 개성인삼조합의 조합장에게 일본 후쿠시마 '기온마츠리'의 사례를 언급하며 조언을 해준다. "포천종합운동장 왼쪽 입구의 포천교육청에 공문을 보내서 협조를 구해보세요"라고 조언을 한다. 그 결과 화장실 문제는 깔끔하게 해결된다.

Chapter 05

포천 명성산억새꽃축제 위원장

경기 북부의 대표적인 축제는 연천 '전곡리구석기축제', 포천 '명성산억새꽃축제' 등이 있다. 어느 날, 10년 만에 다시 포천시장에 취임한 P시장으로부터 전화가 온다.

"최 교수님, 명성산억새꽃축제 위원장 맡아 주십시오!"
"네, 알겠습니다…."

나는 축제추진위원회의 추대로 '위원장'이 된다. 포천시를 대표하는 '명성산억새꽃축제'는 10년 동안 기관장이 바뀌면서 많은 문제점이 발생해 정체됐다. 과거 내가 축제에 관여했을 때는 성공적으로 진행됐는데, 그간 큰 발전을 보지 못한 것 같다.

가장 먼저, 포천시 문화관광과 B계장과 함께 산정호수의 축제 장소에 가서 메인 무대를 설치할 장소를 지정해 주고, 전반적으로 주차장 시설을 점검한다. 그리고 '명성산'을 오르면서 등산로의 안전을 점검하고, 억새꽃 개화 시기를 살펴본다.

22회 '명성산억새꽃축제'는 2018년 10월 13일(토)부터 28일(일)까지 열린다. 포천의 많은 언론은 "올해는 외부에서 영입된 '최기종 위원장'을 중심으로 '축제추진위원회'가 각계각층의 주요 인사와 시민, 관광객이 참여하는 첫 축제라는 점에서, 그 어느 해보다 관심과 참여 열기가 고조되고 있다"라고 대대적으로 보도한다.

또 각 언론사에서는 "최기종 위원장은 짧은 기간 동안 직접 행사 섭외부터 프로그램 기획, 각종 포스터 및 배너 디자인까지 함께 고민하면서 쉼 없이 달리고 있다"라고 하면서 응원을 보내온다.

주요 프로그램은 1년 후에 받는 편지, 억새사진관 등의 억새를 활용한 다양한 참여 프로그램과 예술 퍼포먼스를 융합하고, 그 밖에 억새꽃축제의 신규 콘텐츠를 확보해 지역민과 관광객이 하나가 되어 펼쳐지는 참여형 축제를 기획한다.

이어 차별화된 문화예술 프로그램과 먹거리, 체험 이벤트, 자연이 함께하는 생태관광 도시 포천시에서 축제를 마음껏 즐길 수 있는 프로그램을 만들어 축제가 포천시의 대표축제로 자리매김하고, 지역의 관광 및 경제 활성화에 기여할 수 있는 방향으로 목표를 잡는다.

나는 사회자의 소개로 무대에 올라 위원장으로서 '축제개막식 선포'를 한다. 축제는 첫날 공식행사인 '가을 억새에 반하다'를 시작으로 6개 부문 20여 종의 프로그램을 펼친다. 10월 13일 개막행사에서는 '가을 억새에 반하다'에 가수 남진, 김연자, 이용, 박서진 등을 초청해 성대한 개막 축하 공연을 펼친다.

그리고 일본 자매도시의 전통무용공연, 포천시 14개 읍면동 대항 억새꽃 노래자랑, 가노농악 퍼포먼스, 초청공연 맹진사댁 경사, 가수 서주경, 해바라기, 김희진, 임영웅 등이 참여하는 NH농협 푸른 음악회가 열린다.

신규 프로그램으로는 수변 산책로를 돌며 인생 사진을 남길 수 있는 억새 인생사진관과 문화해설사와 함께하는 둘레길 걷기, 포천시 특산품과 함께하는 열린 음식 축제, 억새 공예 체험 등 풍성하게 진행된다.

축제는 포천시 축제 역사상 60만 명의 인파가 몰려 대성공을 거둔다. 나는 축제 중간에 MBN의 '생생 정보마당'에 잠깐 출연해 인터뷰를 한다. 그러나 그다음 해의 2019년 23회 명성산억새꽃축제는 구제역이 발생해 취소된다.

축제가 10년 만에 크게 성공할 수 있었던 이유는, 포천시장의 강한 의지와 문화관광의 적극적인 행정지원, 지역민·관광객의 많은 관심과 참여 덕분이다. 그리고 필자가 다년간 국내외의 많은 축제를 통해 습득한 다양한 경험을, 축제 장소의 환경에 맞게 적절하게 접목했기 때문이다.

☐ 축제의 큰 성과

우리나라의 지역 축제가 발전하지 못하는 이유는, ① 지역민 상호 간 이해 충돌, ② 이권개입, ③ 바가지요금, ④ 불친절한 서비스, ⑤ 음식의 위생 문제, ⑦ 전문성 부족, ⑧ 행사비 정산 문제, ⑨ 주차문제 등을 들 수 있다.

축제를 진행하면서 가장 어려웠던 점은, 산정호수는 마을의 지형이 호수를 중심으로 '윗마을'과 '아랫마을'로 구분된다. 프로그램이 윗마을에 집중되면 아랫마을 지역민이 서운해하고, 아랫마을에 집중되면 윗마을에서 반발한다. 지형의 특성상 적절하게 균형을 맞추는 것은 어려운 일이다.

축제는 시작부터 종료될 때까지 잡음이 끊이지 않는다. 축제를 기획하고 감독하는 일보다 '주민 상호 간 이해 충돌'을 해결하는 것이 더 어렵다. 위원장과 관계 공무원은 축제 기간 내내 관광객의 안전사고와 날씨의 변화, 상인과 지역민의 갈등 등을 체크한다. 축제의 관리·감독은 긴장의 연속이다.

다행히도 축제 기간 중 별다른 문제 없이 억새꽃축제 역사상 대성공을 거둔다. 나는 포천시장에게 축제 기간 내내 함께 고생한 축제담당 부서의 단장·과장·계장 등의 공로功勞를 있는 그대로 전해준다. 그 결과 그들은 모두 1계급 승진한다.

억새꽃축제 '평가회'를 성황리에 마치고, B계장과 포천 '한탄강'을 돌아보는데, 마침 춘천시의 K부시장으로부터 전화가 온다.

"최 교수님! 명성산억새꽃축제 대성공을 거뒀다는 소식을 방송과 신문에서 봤습니다. 춘천 막국수닭갈비축제도 도와주십시오!"

"네, 알겠습니다….".

Chapter 06

춘천 닭갈비막국수축제 총감독

춘천시 K부시장에게 연락을 받고, 춘천시청을 방문한다. 시장실에서 L시장과 인사를 나눈 뒤, 지난 30여 년 동안 축제를 하면서 어떤 문제가 있었는지 설명을 듣는다. 나는 문제점에 대해 충분히 공감을 표한다. 이윽고 L시장은 축제가 활성화될 수 있도록 도와 달라고 요청을 해온다.

"최 교수님! 춘천의 대표축제로 거듭날 수 있도록 도와주시면 좋겠습니다."

"네, 그간 있었던 문제점을 면밀하게 분석해서 성공시켜 보겠습니다."

2019년 춘천 '막국수닭갈비축제'는 6월11일(화)부터 16일(일)까지 6일간 춘천역 앞 옛 미군 캠프페이지의 광활한 부지에서 개최된다. 나는 그동안 '축제평가보고회' 등에서 제기된 문제점 및 개선점을 꼼꼼하게 분석·검토한다.

이번 축제는 30만 춘천 시민과 지역의 문화예술인이 적극적으로 참여하고 즐길 수 있는 새로운 모습으로 변화를 추구하는 데 초점을 맞춘다. 특히 지역민과 국내외의 관광객이 함께 참여하고, 막국수·닭갈비 나눔 행사를 통해 향토음식의 독특한 맛과 우수성을 널리 알리는 데 역점을 둔다.

특히 춘천의 ① 유명 막국수·닭갈비 맛집 12곳을 참여시키고 ② 관광객에게 무료 음식 나눔 행사와 안전 먹을거리를 제공하고 ② 청년 푸드트럭을 운영해 청년들에게 기회를 부여하고 ③ 농가에서 재배한 신선한 토마토와 특산품도 싼값에 판매한다. 그 밖에 볼거리와 체험행사도 풍성하게 펼친다.

또 야간 공연 시간을 엄격히 준수해 축제장 인근 주민의 소음과 피해를 최소화하고, 막국수·닭갈비 업체와 청년 푸드트럭의 지속적인 참여 유도를 통해 지역민의 일자리 창출을 위한 역량을 최대한 끌어올릴 수 있도록 계획을 세운다.

강원도의 대표 향토음식 '막국수'는 화전민 등이 즐기던 음식으로 거친 메밀로 가락을 굵게 뽑아 육수에 말아 먹는 게 대표적이다. 이 지역 화전민의 구황 음식은 당시 춘천댐의 수몰로 인해 호구지책으로 막국수를 만들어 먹던 게 효시가 된 것이다.

'닭갈비'도 춘천지역에서 6·25전쟁을 전후해 군인들이 외출·외박을 나와 마땅히 먹을거리가 부족했던 탓에 생닭을 고구마·채소와 함께 익혀 먹었던 데서 유래한다. 그 후 관광객에게 널리 알려지면서 춘천을 대표하는 향토음식으로 자리매김을 한다.

나는 깜짝 이벤트로 춘천 막국수닭갈비축제에 '평양 옥류관 조리 팀'을 초청해, '춘천 막국수'와 '평양 옥류관 냉면'을 관광객에게 무료로 시식할 수 있도록 추진한다.

축제 현장에서 춘천 막국수와 평양 옥류관 냉면에 들어가는 재료와 조리법, 맛 등을 서로 비교하면서 남북 간 음식문화 차이를 이해하는 데 좋은 계기가 될 것 같아 주요 신문에 대대적으로 보도한다. 신문은 중국을 통해 북한으로 전해진다. 그러나 당시 남북한 긴장 관계가 지속되면서 그들은 방문하지 못한다.

개막 축하 공연은 매우 성대하게 열린다. 지역민과 관광객이 좋아하는 제1회 '미스트롯' 우승자인 송가인·홍자·지원이·숙행 등을 전국에서 가장 먼저 축제장에 초청한다. 즉 우리가 그들을 첫 번째로 섭외한 것이다.

개막식은 전국에서 찾아온 6만여 명의 지역민과 관광객으로 인해 축제장이 마비될 정도로 큰 북새통을 이룬다. 출발이 좋아서 그런지 축제기간 동안 30만 명이 넘는 관광객이 다녀간다. 춘천 축제 역사상 처음 있는 일이다.

주요 프로그램은 거리 퍼레이드, 막국수 · 닭갈비 나눔 행사, 어린이 사생대회, 중학생 댄스대회, 춘천 색소폰사랑동호회 공연, 투데이 콘서트, 유명 연애인 초청 팬 사인회, 버스킹 공연, 가요제, 태권도 시범, 건강음악회 등이다.

6월 15일(토)에는 국민건강보험 주최 '건강음악회'를 연다. 초대 가수는 김용임, 박상철, 박구윤, 윤수현, 박서진 등을 초청해 큰 흥행을 거둔다. 6월 16일(일) 축제 마지막 날에는 폐막식과 함께 불꽃놀이를 즐긴다.

30여 년 만에 막국수닭갈비축제는 춘천 역사상 최고의 축제로 대성공을 거둔다. 축제장 곳곳에서 "총감독을 위하여!", "총감독 만세!" 하면서 축배를 든다. 나는 가는 곳마다 큰 환영을 받는다.

□ 춘천시 홍보대사 위촉

고대의 축제는 사회 · 공동체 · 종교를 유지하기 위해 사람에게 정보를 전달하고 응집력을 한데 모을 목적으로 열렸지만, 현대는 지역민과 관광객의 오락적 요소나 체험기능 등 생활축제의 한 형태로 발전하고 있다.

축제가 발전하려면, ① 지역의 여건이나 특색에 맞는 차별화된 프로그램을 개발하고 ② 관광객을 유인할 수 있는 홍보 및 마케팅 전략을 수립하고 ③ 지역의 이미지 개선과 경제 활성화에 기여할 수 있는 참신한 축제로 육성하고 ④ 다양한 문화콘텐츠를 바탕으로 한 제작이 뒷받침되어야 할 것이다.

나는 축제 시작부터 동료 교수로 구성된 '설문조사 연구진'을 꾸려, 「설문조사 결과보고서」를 책자로 발간한다. 나는 「설문조사 결과보고서」를 가지고 축제의 성과와 문제점, 향후 개선 방안을 제시하면서 '축제평가회'를 무사히 마친다.

축제가 끝난 뒤, 나는 축제를 발전시킨 공로로 '춘천시 홍보대사'에 위촉되고, 축제가 크게 성공할 수 있도록 옆에서 도운 축제담당 부서의 과장·계장은 1계급 승진한다.

그리고 2019년 축제 기획을 위해 1년간 춘천시를 오가며 느낀 점을 틈틈이 메모한 나는, 춘천시의 지원을 받아 『소양강의 봄』이라는 시집을 발간한다.

그 후 2020년에는 '대한민국 제1호 문인작사가'로 등단한다. 그리고 춘천시를 대내외적으로 널리 홍보하기 위해, 춘천을 상징하는 노래 '소양강 봄바람(가수 : 금잔디)'을 발표한다.

2020년에 다시 '총감독'으로 재위촉돼 새롭게 축제를 준비한다. 그러나 '코로나 19'가 점점 심해지자, 막국수닭갈비축제를 비롯한 전국의 모든 축제는 중단된다. 그 밖에 필자의 다양한 경험과 축제의 성공사례가 무수히 많지만, 지면 관계상 생략한다.

Chapter 07

기후 위기와 겨울 축제

2019년 6월 중순 춘천 '막국수닭갈비축제'가 성공적으로 막을 내리자, 춘천시와 의회에서 겨울 축제(기간 : 2019. 12~2020.1)를 기획·감독해 달라는 요청이 들어온다.

나는 호반의 도시 춘천 겨울 축제 장소를 물색하기 위해, K부시장과 관광기획과의 S관광과장·C관광계장과 춘천시의 공지천 하류·의암호 상류 등을 몇 개월간 수시로 답사한다.

춘천시는 호반의 도시답게 사방이 물로 되어있지만, 수심이 너무 깊어 마땅한 장소를 찾지 못한다. 그러던 어느 날, 나는 C계장과 홍천강 하류(춘천시 행정구역)로 답사를 간다. 그곳은 모래 사장이 넓게 조성돼 있어 겨울 축제 장소로 적합했다.

나는 축제를 기획·감독할 때, 가장 먼저 축제 날짜와 성공 여부를 반드시 예측해 본다. 그런데, 이번 겨울 축제는 ① 경제적으로 큰 손해를 입게 되고 ② 잘못하면 검찰 조사를 받을 수도 있다는 결과가 나온다. 나는 불길한 예감이 들어 축제를 포기한다.

춘천시 겨울 축제를 포기하자, 이번에는 K부시장이 나를 평창 '송어 축제' 총감독으로 추천한다. 나는 일단 승낙을 하고, 송어 축제 성공 여부를 분석해 본다. 그런데, 이번에도 실패하는 것으로 읽혀진다.

춘천시 겨울 축제와 똑같이 ① 경제적으로 큰 손해를 입게 되고 ② 곤란한 일이 발생할 수 있다는 결과가 나온다.

나의 예측은 2019년 12월에 적중한다. 그 해는 전국으로 얼음이 얼지 않아 2021년까지 겨울 축제가 열리지 못한다.

최근 세계는 폭염과 한파 등 그 유례를 찾아보기 힘들 정도로 기후 위기의 영향을 손수 경험하고 있다. 특히 매년 여름이 되면 전 세계가 폭염에 시달린다. 또 지구 곳곳에서는 가뭄으로 농작물이 시들고, 산불도 자주 발생한다. 우리나라의 여름도 4월부터 11월까지 이어질 것으로 예측된다.

지구의 기록적인 기온 상승은 날씨의 메커니즘mechanism을 바꿔놓기 때문에 기상 이변을 일으킨다. 대표적인 예로 홍수, 태풍, 뇌우, 폭염, 감염병, 빙하 해빙뿐만 아니라 식량을 감소시킨다.

지구의 평균 기온은 빙하기에서 간빙기 때까지 약 1만 년 동안 4℃ 상승한 데 비해, 산업혁명 이후 100년 동안 1℃ 상승한 것이다. 자연적인 현상에서의 기후 변화보다 인간에 의한 기후 변화가 무려 25배나 빠르다.

생물 생존 최후의 방어선은 1.5℃를 잡고 있는데, 만약 평균 온도가 1.5℃를 넘어서면 지구가 위험해진다. 다비드 넬스(2022)는 21세기 말 지구의 평균 기온은 최대 0.5℃ 상승할 것으로 예측했는데, 예상보다 빠르게 2024년 6월에 0.5℃를 넘어 결국 1.5℃를 웃돌고 만다.

이제는 기후 위기로 인해 폭염은 더 극단적이고, 길게 발생할 것이다. 지구의 평균 기온 상승으로 해수면이 1m 높아지면, 전 세계 1억 명의 인구가 집을 잃게 되고, 또 빙하가 모두 녹으면, 해수면은 약 66m정도 상승하게 될 것이라는 연구결과도 있다.

'2030년에 우리나라 국토의 5%가 물에 잠긴다'라는 연구도 있다(동해·남해·서해, 강변 등). 그리고 해수면의 상승으로 인한 피해는 중국·인도·방글라데시·인도네시아·베트남·필리핀·태국·일본 등 전 세계 피해지의 70% 이상이 이 국가에서 발생할 것으로 예상하고 있다.

기후 위기는 더이상 공상과학의 시나리오가 아니라 전 세계의 평균 기온이 상승하는 지구의 온난화 현상은 전 인류가 함께 해결해야 할 가장 시급한 과제이다.

향후 기후 위기로 '눈 축제', '얼음 축제'도 개최가 어려워질 수도 있다. 따라서 국가와 지방은 적절한 대비책을 세워야 할 것이다.

홍보대사의 역할

최기종

춘천시의 위상과 가치
관광자원
지역문화예술 발전의
효율적인 시정홍보 등

춘천시를
국내외에 널리 알리는
역할을 담당하는
춘천시 홍보대사

공인으로시
주어진 소임이
그리
녹녹하지만은 않지만

맡은 역할에
합당한 구실 찾기 위해
오늘도
혼신渾身의 힘을 쏟는다.

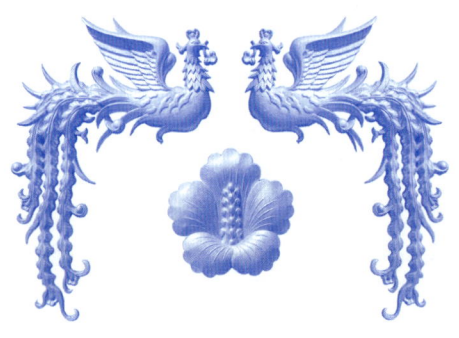

3
매너의 힘

유권자를 유혹하는 매너

'매너manner에는 매력도 있고 이익도 있다'라는 말이 있다. 즉 매너가 좋으면 선거에서 당선될 확률도 그만큼 높아진다.

예의 바른 행동은 유권자의 감정에 대한 배려를 표현하는 좋은 방법이 된다. 매너manner란 것은 '행동하는 방식이나 자세', '일상생활에서 상대를 대하는 예의와 절차'를 말한다.

선거에 출마하는 후보자는 우선 자신의 이미지 계발에 힘써야 한다. 유권자를 대할 때 자신의 이미지를 좋게 어필하려면, 자신의 개성을 ① 시간time ② 장소place ③ 상황occasion에 맞게 최대한 효과적으로 연출할 필요가 있다.

처음 만난 '유권자를 유혹하는 좋은 매너'는 바로 웃음이다. '웃는 얼굴은 최고의 관상에 속한다'라는 말처럼 웃음은 유권자와의 좋은 관계를 맺어주는 데 가장 중요한 가교역할을 한다.

웃음은 인간이 지닌 가장 소중하고 값진 보물이다. 처음 만나는 유권자에게 웃는 얼굴로 대하면, 유권자의 뇌 속에서 쉽게 사라지지 않을 것이다. 사람은 대인관계에서 싫든 좋든, 자신에게 유리하든 불리하든 이미지를 전달하며 살아야 한다.

보통 사람을 평가하는 데 있어서, 그 사람의 지적인 능력과 활동보다는 첫인상에 대한 좋은 매너, 즉 ① 매너가 좋다 ② 매너가 나쁘다 ③ 성격이 급하다 ④ 성격이 느리다 등과 같은 심리적 기준이 중요한 역할을 한다.

이렇듯 첫인상은 '한순간에 결정되는 이미지'를 말한다. 즉 첫인상은 초두初頭 효과primacy effect로 인해 쉽게 바뀌지 않는다. 후보자에 대한 첫인상은 유권자의 기억에 오래 남게 된다.

따라서 평소 많은 연습과 훈련을 통해 환하게 웃을 수 있는 자신만의 이미지를 만들어 유권자를 응대해야 한다.

가장 좋은 이미지의 모습은, ① 항상 얼굴에 미소를 짓고 ② 마음의 문을 열고 ③ 머리와 복장을 단정히 하고 ④ 밝은 표정을 짓고 ⑤ 유권자의 이름을 기억하고 ⑥ 올바른 말씨를 사용하고 ⑦ 대화를 나눌 때는 진실을 말하고 ⑧ 유권자를 만나면 칭찬을 많이 해주고 ⑨ 말을 많이 하기보다는 경청을 많이 한다.

Chapter 01

이미지메이킹 기법

이미지메이킹image making의 기법은 ① 있는 그대로의 모습으로 자신의 이미지를 만드는 방법이다. 즉 수수하면 수수한 대로 자신을 드러내고, 진실된 내면을 유권자에게 알리는 것이다. 단, 많은 시간과 만남이 필요하다.

② 자신과 유사한 인물을 모델링modeling 하는 방법이다. 우리의 모습에는 부모의 모습이 많이 담겨 있다. 부모의 모습을 모방하고, 자신이 닮고 싶은 유사성 있는 인물을 선정하여 그를 모방하는 것이다. 단, 장기적으로는 새로운 이미지를 구현해야 한다.

▢ 이미지메이킹의 5단계

① 자신을 먼저 알아라. 자신의 타고난 장단점 등을 파악하라.
② 자신의 모델을 선정하라. 자신의 모델을 선정해 목표를 수립하라.
③ 자신을 계발하라. 자신의 독특한 매력이나 장점을 끊임없이 계발하라.

④ 자신을 연출하라. 자신의 개성을 살린 이미지를 상황에 맞게 표현하라.

⑤ 자신을 팔아라. 자신의 좋은 가치를 유권자에게 강하게 인식시켜라.

◘ 얼굴 표정 연출법

① 얼굴 표정을 보면, 유권자의 심리상태를 알 수 있다. 자신의 표정은 유권자에게 호감을 주기도 하고, 불쾌감을 주기도 한다. 따라서 유권자를 만날 때는 항상 미소를 잃지 말아야 한다.

② 말은 거짓일 수도 있지만, 표정은 거짓으로 나타내기가 쉽지 않다. 상대하기 싫은 유권자를 대할 때 표정이 굳어지는 것은 누구나 한 번쯤 겪는 일이다. 표정은 마음의 징표이자 정신의 표현이라고 할 수 있다.

③ 사람의 얼굴에는 무려 80여 개의 근육이 있으며, 약 7천 가지 이상의 표정을 만들 수 있다고 한다. 얼굴에 있는 근육을 자유자재로 움직여 좋은 표정을 만드는 데도 많은 노력이 필요하다.

④ 안면근육을 풀어서 표정을 부드럽게 하려면, 평상시에 눈썹을 위아래로 움직여보고, 입을 크게 벌리거나 조그맣게 오므려 보는 연습을 반복하는 것이 효과적이다.

⑤ 우리는 매일 많은 사람을 만나면서 하루를 보낸다. 이때 의식적이든 무의식적이든 관심을 가지고, 사람의 표정을 살피게 된다. 만약 내

가 유권자에게 다가갈 때 표정이 굳어 있으면, 유권자가 갑자기 당황할 수 있다.

⑥ 이런 경우에는 먼저 유권자의 표정부터 읽어야 한다. 내가 어떤 말을 하는 게 좋을지를 생각한 후에 말을 꺼내야 좋은 결과를 얻을 수 있다.

⑦ 유권자의 눈을 보면, 그 사람의 진실을 알 수 있다. 대화하는 중에 유권자의 눈을 노려보거나 주위를 두리번거리면, 유권자는 불쾌한 기분이 들 것이다. 유권자에게 좋은 인상을 심어주려면, 시선 처리를 부드럽게 해야한다.

⑧ 표정이 굳어 있고 화난 듯한 얼굴을 하면, 첫인상이 좋아 보이지 않는다. 상황에 맞게 자연스럽고 온화한 표정을 짓는 것이 진정한 미美의 표현이라고 할 수 있다.

⑨ 사람의 마음은 얼굴 표정에 그대로 나타난다. 유권자의 얼굴을 보면, 그 사람의 기분을 파악할 수 있다. 아무리 잘생긴 후보라도 표정이 어두우면, 유권자에게 호감을 줄 수 없다. 따라서 모든 유권자에게 친근감을 줄 수 있는 '밝은 미소'를 짓는 습관이 필요하다.

Chapter 02

인사 매너

인사는 좋은 인간관계를 만드는 첫걸음이다. 인사는 유권자와 친밀감을 형성하는 데 있어서 능동적인 작용을 한다. 특히 유권자에게 좋은 인상을 심어주려면, 우선 인사를 주고받는 매너가 좋아야 한다.

러시아의 문호 톨스토이Tolstoy는 "어떠한 경우라도 인사하는 것은 부족하기보다 지나칠 정도로 하는 편이 좋다"라고 강조한다. 인사를 할 때는 내면의 친절·정성·감사의 마음을 정중하면서도 밝고 상냥하게 표현해야 한다.

인사는 유권자에게 경의敬意를 전달하는 작은 의식이다. 형식을 제대로 갖추지 않는 인사는 오히려 결례요, 군더더기에 불과한 것이다. 따라서 인사를 할 때는 의식 또한 매우 중요하다.

일상적인 인사말은 "안녕하세요?", "감사합니다", "죄송합니다" 등을 들 수 있다. 인사를 예의 바르게 하는 후보는 '느낌이 좋은 사람'이라고 생각되어, 유권자도 곧 마음을 열게 된다.

☐ 올바른 인사법

① 기분 좋은 인사는 마음 속에서 우러나오는 존경심과 반가움을 나타내는 형식의 하나로서, 유권자의 마음을 여는 열쇠라고 말할 수 있다. 유권자의 마음을 여는 인사법은 '밝은 목소리로 인사하는 법', '힘차게 인사하는 법', '얼굴을 보며 상냥하게 인사하는 법'이 있다.

② 보기 좋은 인사는 등을 곧게 펴고, 유권자의 시선을 마주치면서 "안녕하세요?", "감사합니다" 등으로 표현하는 인사말이다. 특히 인사를 할 때는 사적인 경우와 공적인 경우를 구분하여 상황에 맞게 적절하게 사용하는 것이 좋다.

③ 인사는 아랫사람이 먼저라고 단정할 수는 없다. 위아래 구별 없이 먼저 본 쪽에서부터 인사를 한다. 유권자가 다른 쪽을 보고 있을 때는 타이밍timing을 놓쳐, 시모가 어색한 상황이 벌어질 수도 있으므로 적극적으로 인사를 하도록 한다.

④ 인사를 할 때는 우선 유권자의 눈을 보고 "안녕하세요?"하고 인사를 한다. 또 한 인사를 할 때 남성은 손을 신체의 측면에 붙이고, 여성은 정면으로 손을 모아서 하는 것이 좋다.

⑤ 인사의 각도는 대략 15도, 30도, 45도, 90도가 있는데, 이러한 일상적인 인사를 정확히 몸에 익히면, 유권자를 응대하거나 비즈니스business를 할 때 당황하는 일 없이 자연스럽게 인사를 할 수 있다.

⑥ 인사를 많이 하면 자신의 이미지가 좋아진다. 인사는 인간관계에 있어서 시작과 끝을 장식한다. 유권자를 처음 만났을 때는 인사로 시작하며, 헤어질 때도 작별인사를 하는 것이 상례常禮이다. 즉 인사란 만남에서 헤어질 때까지 있어야 하는 알파와 오메가alpha and omega이다.

Chapter 03

명함 사용법

자신을 소개할 때 빠뜨릴 수 없는 것이 명함name card이다. 명함은 그 사람의 얼굴이고 인격을 가진 소개 카드이다. 명함은 원칙적으로 명함 지갑에 넣는다. 명함 지갑은 많은 사람을 만나는 경우 독립된 명함 지갑을 준비한다.

☐ 명함을 교환할 때

명함은 자신의 신분을 알리는 데 사용되기 때문에 올바르게 사용하는 것이 중요하다. 명함을 교환할 때 다음 사항에 유념해야 한다.

① 명함은 필요한 만큼 준비하고, 명함 지갑은 양복의 안주머니에 넣는다.
② 유권자를 만나면 명함을 꺼내면서, 자신의 소속과 이름을 정확히 발음한다.
③ 명함은 반드시 서 있는 자세로 교환하며, 앉아서 건네는 것은 실례이다.

④ 명함은 유권자보다 먼저 꺼내며, 위치는 유권자의 가슴 높이가 적당하다.
⑤ 명함 지갑을 왼손에 들고, 오른손으로 한 장 꺼내 유권자가 읽을 수 있도록 한다.
⑥ 명함은 유권자[윗사람]에게 내미는 것이 순서이며, 유권자보다 먼저 건넨다.
⑦ 명함을 받으면 유권자의 이름을 복창하면서, 이름에 관심을 표명한다.
⑧ 명함은 상의 안주머니에서 꺼내며, 전용 명함 지갑을 사용한다.
⑨ 명함은 악수가 끝나면, 선 채로 두 손으로 내밀고 두 손으로 받는다.
⑩ 명함을 내밀 때는 "뵙게 되어 반갑습니다"라고 하면서, 소속과 이름을 밝히면서 두 손으로 건넨다.
⑪ 명함을 건넬 때와 마찬가지로 받을 때도 일어서서 "반갑습니다"라고 한마디 덧붙인다.
⑫ 지갑엔 자기의 명함만 넣어 다니도록 한다. 뒷주머니에서 꺼내는 것은 매너에 어긋난다.
⑬ 유권자의 이름이 읽기 어려운 경우에는 "실례입니다만, 무엇으로 읽습니까?"하고 확인하는 것이 좋다.
⑭ 명함을 받으면 이름을 확인하고, 대화 중에 유권자의 이름을 부르면 친근감이 높아진다.

◻ **명함을 취급할 때**

유권자로부터 받은 명함을 소중히 간직하는 것은 매너의 기본이다. 아무리 몰라도 다음과 같은 실수는 하지 말아야 한다.

① 이물질이 묻었거나 구겨진 명함을 꺼내서 건네는 행위 ② 대화 중에 유권자의 명함에 낙서하거나 소홀히 다루는 행위 ③ 받은 명함을 무관심하게 주머니에 넣거나 수첩 사이에 끼워 놓는 행위 ④ 받은 명함 위에 서류 등을 올려놓거나 바닥에 떨어뜨리는 행위 ⑤ 받은 명함은 바로 찾아서 활용할 수 있도록 파일에 정리하는 것이 좋다.

Chapter 04

악수 매너

악수handshaking는 친애의 뜻을 나타내는 서양식 예법이다. 즉 악수는 서로 손을 마주 잡고 하는 인사이다. 특히 선거 운동에서 악수는 후보자와 유권자 간의 친근한 정을 나타내는 것으로서, 매우 중요한 행위라 할 수 있다.

악수는 경건한 마음으로 해야 한다. 미소 띤 얼굴에 허리를 곧게 펴고, 마음에서 우러나오는 정중한 태도를 취하는 것이 중요하다. 일반적으로 악수는 손윗사람이 손아랫사람에게 먼저 청하게 되어 있다.

☐ 악수 순서

악수의 순서는 ① 여성이 남성에게 ② 선배가 후배에게 ③ 상급자가 하급자에게 ④ 기혼자가 미혼자에게 ⑤ 손윗사람이 손아랫사람에게 한다.

그러나 국가원수 · 왕족 · 성직자 등은 이러한 기준에서 예외가 될 수 있다. ① 남성의 경우 국가원수나 왕에게 소개되면, 머리를 숙이고 공손히 인사를 한다. 그리고 ② 국가원수나 왕이 악수를 청하면, 재차 머리를 숙여 인사하고 악수에 응한다. ③ 여성의 경우도 국가원수나 왕이 악수를 청하면, 머리를 숙여 악수를 받는다. ④ 만약 오른손에 가방을 들고 있을 때는 재빨리 왼손으로 바꿔서 든다.

▢ 악수법

악수할 때는 절을 하거나 두 손으로 감쌀 필요가 없다. 왕이나 대통령 외에는 당당한 자세로 허리를 곧게 펴고 악수를 한다.

① 손을 쥘 때 너무 느슨하게 쥐는 것은 냉담한 느낌을 줄 수 있다. 특히 스치듯 가볍게 쥐는 것은 유권자를 경멸輕蔑하는 옳지 못한 인상을 주게 된다.

② 여성의 경우 먼저 악수를 청하는 것이 예의이다. 외국인과 만나는 사교 모임에서는 주저하지 말고, 즉시 악수를 청하는 것도 자연스럽다.

③ 남성은 악수할 때 장갑을 벗는 것이 예의이다. 그러나 여성은 실외室外에서 악수를 하는 경우 반드시 장갑을 벗을 필요가 없으며, 낀 채로 악수를 해도 무방하다.

④ 악수할 때 손은 상하로 가볍게 흔든다. 그러나 자신의 어깨보다 높

이 올려 흔들면 안 된다. 또 여성과 악수할 때는 남자처럼 손을 흔들지 않는 것이 좋다.

⑤ 악수할 때 가장 좋은 방법으로는 너무 세거나 약하지 않게 쥐어야 하지만, 남자들끼리는 오히려 힘을 주는 것이 좋다. 그러나 너무 오랫동안 손을 쥐고 있는 것은 좋지 않다.

⑥ 악수는 원칙적으로 오른손으로 한다. 만약 오른손에 상처를 입었을 때는 원칙에 얽매이지 않고 왼손으로 할 수도 있다. 그러나 왼손은 부정적으로 간주되므로 유권자에게 양해를 얻어 악수를 사양하는 것도 한 방법이다.

Chapter 05

대화 매너

자신의 생각을 어떻게 명확하고, 힘 있게 말하여 유권자를 움직이게 하는가에 따라 선거의 당락當落이 결정되는 경우가 많다.

최근 대통령 후보, 국회의원, 단체장, 사회지도층 등 수많은 사람이 곳곳에서 '막말'을 쏟아내고 있어 경고 처분을 받는 등 일파만파로 번지고 있다.

세상을 어지럽히는 '막말 논란'은 단순한 실수가 아니다. 그것은 그 사람의 성장 과정과 인성人性에 문제가 있는 것이다. 즉 치유가 어려운 평생 고질적인 병病이라 할 수 있다.

대화conversation나 말을 개념 없이 쉽게 또는 어렵게 생각하다 보면, 유권자를 만나는 자리를 피하게 된다. 또 자주 피하다 보면 자신을 알릴 기회도 없이 고립될 수 있다. 특히 중요한 정보를 놓칠 수 있고, 유권자로부터 점점 잊혀지는 사람이 되고 만다.

사실 편안하고 자연스럽게 대화하는 것은 그렇게 어려운 것은 아니다. 매력적인 말이란 바로 유권자의 마음을 끄는 말을 뜻한다. 인간은 자기중심적이기 때문에 남의 일보다는 자기 일에 관심이 더 많고, 남의 얘기를 듣는 것보다는 자기 얘기를 하는 것을 더 좋아한다.

질문할 때는 진지하게 하고, 유권자의 답변이 좀 장황해지더라도 끝까지 성실하게 들어주는 자세가 필요하다. 말을 시켜놓고 딴청을 하는 것은 결례缺禮가 된다. '말과 대화는 가장 느린 형태의 의사소통 방법'이라는 말처럼 유권자의 얘기를 충분히 듣고 이해하여 적절한 반응을 보인 후, 그다음 질문으로 들어가야 한다.

흔히 말하듯 말재주가 좋기만 하면 되는 것은 아니다. 어디까지나 예의 바른 태도로 올바른 생각을 알기 쉽게 전해야 한다. 대화 시 주의사항은 다음과 같다.

☐ 대화 시 주의사항

① 말은 풍부한 화제와 화술을 쓰고, 거짓이 되지 않게 해야 한다.
② 무언가에 쫓기는 듯 급하게 말하는 것은 좋지 않다.
③ 애매하고 추상적인 언어 사용은 자제한다.
③ 말은 침착하고 간결하게 하며, 말하는 자세를 바르게 한다.
④ 혼자서 아는 척해서는 안 되며, 유권자의 말을 가로채서도 안 된다.
⑤ 외국어나 어려운 말은 삼가며, 기분 좋은 말투를 사용한다.

⑥ 항상 유권자의 눈을 바라보면서 말한다.

⑦ 유권자의 비밀이 되는 것이나 싫어하는 것은 묻지 않는다.

⑧ 말을 할 때는 적당한 유머가 필요하다.

⑨ 유권자의 기분에 동조할 수 있는 대화의 일치점을 찾는다.

⑩ 유권자나 상대에게 하대하는 듯한 언어를 사용하면 안 된다.

⑪ 친한 사이에는 농을 해도 괜찮으나, 너무 지나친 농은 삼간다.

Chapter 06

경어 매너

예로부터 사람의 인품을 평가하는 기준으로 '인측신언서판人測身言書判'이라는 말이 있다. 즉 몸가짐·말씨·필체·판단력으로 사람을 평가하는 기준으로 삼는다는 말이다. 서양에도 경어敬語에 관한 격언이 많이 나온다.

모든 인간관계는 말로써 이루어진다. 말은 인간관계를 풍부하게, 마음을 여유롭게 해주는 윤활유인 것이다. 가족이나 교우 관계는 물론 이성 교제를 할 때나 사회생활을 할 때, 말은 사람의 마음과 마음을 맺어주는 가교 역할을 한다.

영국의 시인·극작가인 셰익스피어Shakespeare는 "인생을 망치지 않으려면, 자신의 말에 신경을 써라"라고 강조한다. 또 말은 지위나 권력을 얻는 데만 필요한 것이 아니라 선거나 방송 출연, 비즈니스에도 큰 도움이 된다.

정치인이나 직장인의 스피치 매너speech manner는 실력·외모와 함께 당선이나 승진을 결정하는 중요한 요소로써, 국제화·세계화 시대에 이러한 추세는 더 강화될 것이다.

특히 어떻게 말하는가는 자기 자신의 성공과 조직의 번영을 좌우할 만큼 중요한 것이지만, 말을 정말 잘한다는 것은 직장생활 등에서 불필요한 마찰을 피하고, 효과적인 커뮤니케이션communication을 하는 데 매우 중요하다.

❶ 유권자를 높여주는 존경어의 표현 방법은 아래와 같다.
 예) ○○○ 회장님 , ○○○ 사장님, ○○○ 선배님, 잡수신다, 말씀하신다.
☞ 무턱대고 '어머님', '아버님'이라 부르는 것은 삼가야 한다.

❷ 자신을 낮추는 겸손한 표현 방법은 아래와 같다.
예) 저희, 저희들, 제가, 여쭙다, 뵙다, 드리다.

❸ 정중한 말은 품위 있는 아름다운 말이며, 격식 있는 분위기로 이야기할 때 사용하는 말이다. 말끝에 '~ㅂ니다'를 붙인다.
예) 안녕하십니까? 보고드립니다, 말씀해 주십시오.

❹ 과잉 경어 사용은 오히려 해가 되므로 사용에 신중해야 한다. 자칫 유권자를 기분 나쁘게 할 수 있으며, 잘못된 경어를 사용함으로써 오히려 사용하지 않은 것만 못한 경우가 생길 수 있다.

예) 주문하신 식사가 나오셨습니다. 환불이 안 되십니까?
☞ 여기서 '물건'은 높임의 대상이 아니다.

Chapter 07

남성의 복장

유권자를 만날 때는 활동하기 쉽고 불편하지 않은 복장이 좋다. 걷기 힘든 구두나, 너무 지나치게 화려한 디자인의 복장은 금물이다. 도시나 농촌 등 지역의 정서와 분위기에 맞는 청결하고, 편한 복장을 착용해야 한다.

최근에는 직장에서도 캐주얼웨어casual wear 등 비교적 복장이 자유로워졌지만, 지역의 행사나 공식적인 자리 등 언제 어떠한 일이 생기더라도 대응할 수 있는 상식적인 복장의 준비가 필요하다.

아무리 헤어스타일이 단정해도 비듬이나 기름기 있는 머리, 부스스한 머리는 금물이다. 남성은 때가 낀 셔츠나, 정리하지 않은 수염 등도 물론 금물이다. 불결함이나 흐트러진 인상을 유권자에게 주지 않도록 각별히 주의한다.

☐ 남성의 차림새

❶ 머리·얼굴

머리는 청결함이 가장 중요하며, 정리하지 않은 수염 등은 물론 금물이다. 불결함이나 흐트러진 인상을 유권자에게 주지 않도록 주의해야 한다. 머리는 자주 이발하고, 항상 깔끔하게 빗질하며, 앞머리는 이마를 가리지 않도록 한다.

그리고 옆머리는 귀를 덮지 않도록 하고, 뒷머리는 와이셔츠 깃을 덮지 않도록 한다. 매일 아침 면도를 하고, 치아를 깨끗이 닦는다. 특히 담배 냄새 등에 주의하고, 미소 띤 밝은 얼굴을 유지한다.

❷ 복장

복장은 활동하기 편하고 유권자나 주위로부터 호감을 살 수 있는 옷을 입는다. 구깃구깃한 양복을 입고 있다면 단정하지 못한 사람으로 생각될 것이다.

선거 출마자의 복장은 명확하게 정해진 것은 없지만, 한 가지 공통점은 주위로부터 호감을 살 수 있는 옷차림에 신경을 써야 한다. 일반적인 복장의 색상은 청결한 인상을 준다면 특별히 문제가 없다. 무난한 것은 검정이나 감색, 어두운 회색 등의 양복이 좋다. 상의의 소매는 소맷부리에서 와이셔츠가 1센티 정도 보이는 길이가 적당하다.

물론 소속 정당의 정해진 유니폼을 입고 활동하는 선거 출마자는 깔끔하게 착용하면 된다. 그러나 유니폼에 비듬이 떨어졌거나 더러워졌을 때는 주의해야 한다. 항상 솔질하는 것을 잊지 않도록 한다.

❸ 와이셔츠

와이셔츠는 긴 팔이 기본이며, 여름이라고 해서 반팔 와이셔츠를 입으면 캐주얼한 인상을 주게 된다. 목 언저리의 형태는 레귤러 타입regular type이 기본이다. 목 언저리가 지나치게 헐렁하면, 단정하지 못한 인상을 주게 되므로 체형에 맞는 사이즈를 선택해야 한다.

일반적으로 정장에는 블루 · 핑크 · 화이트 등의 컬러가 무난하다. 그리고 와이셔츠의 목 언저리나 소맷부리는 더러워질 수 있으므로 매일 갈아입어야 한다. 때가 낀 와이셔츠의 착용은 유권자에게 나쁜 인상을 줄 수 있다.

❹ 넥타이

여성에 비해 개성을 연출하기 어려운 것이 남성의 패션이다. 그러나 가장 손쉽게 자기주장을 할 수 있는 것이 넥타이이다. 넥타이는 적어도 1주일 동안 번갈아 가면서 맬 수 있을 만큼 준비하는 것이 좋다.

가장 무난한 것은 무늬가 작은 타입이 좋다. 그러나 니트타이나 화려하게 인화된 무늬는 피해야 한다. 넥타이의 길이는 벨트의 버클이 가릴 정도로 조절하고, 넥타이핀을 꽂을 경우에는 와이셔츠 위에서 다섯 번째 단추 근처에 꽂는 것이 좋다.

❺ 바지·벨트

바지 길이는 너무 길어도, 너무 짧아도 안 된다. 서 있는 상태에서 옷자락 앞부분이 구두의 발등에 닿을 정도의 길이가 되는 것을 선택한다. 양복의 주름은 항상 빳빳하게 다림질해서 입는다. 벨트는 너무 크거나 화려한 버클을 부착한 타입, 캐주얼한 것은 피하는 게 좋다.

❻ 구두·양말

구두는 항상 윤기가 나도록 깨끗하게 닦고, 끈이 달린 구두를 선택한다. 색상은 검정이나 짙은 갈색이 좋다. 비 오는 날 외출했다가 신발에 흙이 묻은 채로 사무실 등을 활보하는 것은 실례가 된다. 구두의 흙을 말끔히 터는 것이 매너이다. 그리고 양말은 검정이 좋지만, 양복과 같은 계통의 색상을 선택한다. 정장에 흰색 양말은 신지 않는다.

Chapter 08

여성의 복장

❶ 머리·얼굴

머리는 일하는 데 방해가 되지 않는 청결한 헤어스타일hair style이 좋으며, 윤기 있는 아름다운 머리카락을 유지해야 한다. 머리가 길면 인사할 때 얼굴을 가릴 수 있으므로 단정하게 정리해야 한다.

특히 헤어스타일이 단정해도 비듬이나 기름기가 있는 머리, 부스스한 머리는 금물이다. 너무 진한 메이크업makeup은 나쁜 인상을 줄 수 있는데, 역으로 노 메이크업no makeup은 실례가 된다. 밝고 건강해 보이는 자연적인 메이크업에 신경을 써야 한다.

루주rouge나 매니큐어manicure는 새빨간 색이나 어두운색은 피하는 것이 좋다. 또한 화장을 고칠 때는 반드시 화장실을 이용한다. 사무실이나 사람이 보는 앞에서 화장을 고치는 것은 금물이다.

❷ 복장

우선 활동하기 편한 복장이 중요한 포인트이다. 가슴이 너무 깊숙이 파인 블라우스blouse는 본인이 활동하기에 불편할 뿐만 아니라 주변 사람의 시선을 불편하게 만든다.

옷은 청결하고 활동하기 편한 것을 먼저 생각하고, 그다음에 디자인을 선택한다. 길이가 너무 짧은 스커트나 몸의 디자인이 강조된 듯한 너무 꽉 맞는 스타일의 옷은 피하는 것이 좋다.

전술한 바와 같이 소속 정당의 정해진 유니폼을 입고 활동하는 선거 출마자는 깔끔하게 착용해서 입으면 된다. 그러나 유니폼에 머리카락이 떨어졌거나 더러워졌을 때는 주의해야 한다. 항상 솔질하는 것을 잊지 않도록 한다.

❸ 구두·스타킹

오랜 시간을 신고 있어도 피로하지 않을 타입의 신발을 선택하고, 정장에 어울리는 색상의 단정한 구두를 신는다. 구두는 발끝이 넓고, 굽도 그다지 높지 않은 것이 좋다. 또 지나치게 발소리가 나지 않는 것으로 한다.

스타킹은 살색이 무난하지만, 옷과 어울리게 하려면, 회색이나 검정도 좋다. 파손에 대비해서 항상 예비로 휴대하는 것이 좋다.

❹ 액세서리·향수

활동을 방해하는 듯한 큼직한 귀고리나 브로치·반지 등은 피해야 한다. 장식을 할 때는 작은 보석이 박힌 것이나 금·팔찌 등의 귀금속만으로 된 심플한 타입을 선택한다. 액세서리accessories 또한 마찬가지이다. 너무 화려한 액세서리는 선거 활동에 어울리지 않는다. 특히 주렁주렁 달린 액세서리는 활동할 때 거추장스럽다. 향수는 은은하고 무난한 것을 선택한다.

❺ 핸드백

핸드백은 지나치게 화려하지 않는 것이 좋으며, 깨끗하게 손질되어 있어야 한다. 그리고 옷의 색깔과 자기의 체형에 따라 선택하고, 구두의 색상과 어울리는 것이 좋다. 특히 핸드백 속 소지품은 잘 정리해서 가지고 다녀야 한다.

❻ 스카프

스카프는 여성의 아름다운 외양을 변화시키는 데 다양한 역할을 한다. 고급 스카프는 무늬가 아름다워 기본 색상과는 거의 잘 어울리게 되어 있다. 그러나 키가 작은 여성은 등을 감싸는 큰 스카프는 하지 않는 것이 좋다.

Chapter 09

국민을 고객처럼

헌법에 '대한민국은 민주공화국이다(헌법 제1조 1항)', '대한민국의 주권은 국민에게 있고, 모든 권력은 국민으로부터 나온다(헌법 제1조 2항)'라는 문구가 명시돼 있다.

국민(國民 : 백성·국인 등 포함)이란 '한나라의 통치권 아래에 있는 사람', '국가를 구성하는 사람', '그 나라의 국적을 가진 일정한 권리와 의무를 지닌 사람'이라는 뜻을 내포하고 있다.

속담에 '민심民心은 천심天心'이라는 말도 있다. 즉 '국민의 마음을 이길 수는 없다'라는 의미이다. 정부는 ① 국민 위에 군림하고 ② 국민보다 힘이 있고 ③ 국민보다 의지가 강할 수는 없다. 즉 정부가 국민보다 더 끈질기게 일에 달라붙지 못한다.

미래의 정치인들은 '국민을 고객顧客처럼' 정성을 다해 귀하게 모셔야 한다. 이 세상에 '말이 살아 있는 한 국민은 죽지 않는다'라는 것을 가슴 깊이 명심하면서, 국가 · 지방 · 기업 등을 슬기롭게 경영해야 할 것이다.

☐ 고객의 의미

세상이 하루가 다르게 변화하는 만큼 고객의 마음도 바뀌고 있다. 이제는 고객도 찾아 나서지 않으면 안 되는 시대가 됐다. 고객은 모든 사업의 기반이기 때문에 항상 최선을 다해 응대하고 진심으로 모셔야 한다.

요즘 고객이라는 개념 또한 많이 확대되고 있고, 고객과의 우호적인 관계 구축 및 유지는 모든 사업의 목표가 될 정도로 중요시하고 있다. 고객顧客은 누구일까?(Who is customer?) 한자에서 '고顧'는 ① 돌아보다 ② 방문하다 ③ 보살핌을 의미하고, '객客'은 ① 손 ② 여행 ③ 사람을 의미한다.

고객을 사전적 의미로 보면, ① 상점 · 식당 · 은행 따위에서 물건을 사거나 서비스를 받는 사람 ② 물건을 사러 오는 손님 ③ 거래 관계를 맺고 있는 사람 ④ 단골로 오는 손님 등을 일컫는다.

브라이언트(Bryant, 1992)는 "우리가 전적으로 의존하는 사람은 고객이다. 만약 고객이 없다면 우리는 직업도 없고, 지식과 기술도 아무 소용이 없게 된다. 그러므로 고객은 성공적인 판매 이상을 의미한다는 것을 깨달아야 한다"라고 주장한다.

칼 알브레히트(Karl Albrecht, 1984) 등은 서비스 삼각도service triangle라는 모델을 제시하면서 고객은 ① 서비스 전략 ② 서비스 시스템 ③ 서비스 제공자의 중심부에 있는 가장 중요한 핵심이라는 것을 강조하고 있다.

☐ 고객의 중요성

국민이 특정 정당을 지지하거나 지지를 철회하듯, 요즘 고객은 제품이나 서비스가 자신의 마음에 들지 않으면, 곧바로 고개를 돌리거나 가차 없이 현장을 떠나버린다. 왜냐하면, 양질의 제품과 서비스를 생산하고 제공하는 기업이 넘쳐나기 때문이다.

고객은 서비스 현장에서 자신이 차별받는다고 느낄 때 기분이 상하고 불만을 갖게 된다. 고객은 오히려 작고 사소한 문제에 더 민감하게 반응하는데, 가령 앞사람과의 순서가 바뀌면 화를 내기도 한다.

특히 관공서·은행 등의 민원창구나 음식점에서는 반드시 고객이 기다리는 순서에 맞게 서비스를 해야 한다. 만약, 부득이한 사정으로 순서가 바뀌게 되면, 고객이 충분히 납득할 수 있도록 설명해 주어야 한다.

고객이 우리에게 어느 정도 중요한지를 살펴보면, ① 고객은 우리 사업의 일부분이고 ② 우리의 운명이 고객의 손에 달려 있고 ③ 모든 고객은 누구나 특별한 사람이고 ④ 우리와 고객 모두를 위해 이익이 되도록 해야 하고 ⑤ 고객은 우리에게 급여를 주는 사람이고 ⑥ 돌아오지 않는 고객이 가장 무섭고 ⑦ 고객은 생산라인에서 가장 중요한 요소이고 ⑧ 고객은 라이벌이 아니라 영원한 고객이고 ⑨ 고객은 우리에게 호의와 선의를 베풀어주는 사람이고 ⑩ 고객이 우리에게 의존하는 것이 아니라 우리가 의존하는 것이고 ⑪ 제품이나 서비스를 제공할 기회를 주는 사람이 오히려 고객이라는 것을 잊지 말아야 할 것이다.

☐ 여성 고객의 중요성

고객은 모두 중요하다. 그러나 여성 고객은 더욱 중요하다. 남성 고객보다 여성 고객이 구매 경험이 더 풍부하고, 정보력과 구전口傳의 효과와 속도는 무시할 수 없을 정도로 빠르다. 따라서 앞으로 여성 고객의 마음을 사로잡지 않으면, 정치나 사업을 하는 데 다소 힘들어질 수도 있다.

여성 고객이 어느 정도 중요한지를 살펴보면, ① 여성 고객의 정보력과 구전의 효과는 무시할 수 없고 ② 사업이 번창하는 비결은 여성 고객에게 달려 있고 ③ 여성 고객의 마음을 사로잡아야 사업하기 쉬워지고 ④ 여성 고객의 입소문은 상상을 초월할 정도로 빠르고 ⑤ 지갑은 주로 여성이 쥐고 있고 ⑥ 남성 고객보다 여성 고객의 구매 경험이 더 풍부하다.

한 국가의 힘은 국민의 손에 달렸다. 우리 국민은 매우 어리석은 듯 보이지만 의외로 현명하다. 따라서 정치인은 국민을 대할 때 함부로 하대下待하거나, 무시하면 절대로 안 된다. 즉 국민을 고객처럼 섬기고, 정성을 다해 모셔야 한다.

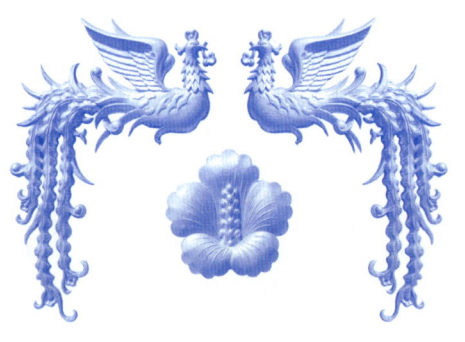

4
덕목의 힘

지도자의 기본 덕목

논어論語에 "자신의 몸과 마음을 바르게 하면, 정치에 종사하는 데 무슨 힘든 일이 있겠는가? 자신의 몸도 마음도 제대로 닦지 못하면서 어떻게 백성을 바로잡을 수 있겠는가?"라는 말이 나온다.

대통령, 국회의원, 광역·기초단체장, 광역·기초의원 중에 비상계엄 선포, 직무수행 역량 부족, 선거법 위반, 각종 비리와 성폭력 등으로 자신의 직職을 제대로 유지하지 하지 못하고 중간에 내려오는 일이 비일비제非一非再하다.

지도자 중에는 기본적으로 갖추어야 할 소양이나 덕목을 제대로 지니지 못한 채 선거에 출마하는 사람이 많다. 덕목德目은 '타고난 천성으로 간주하여 추구하고 실천해야 할 가치 항목'을 말한다.

지도자가 갖추어야 할 기본 덕목은 ① 수신제가 ② 신중한 언어 사용 ③ 지혜 단련 ④ 건강 관리 ⑤ 인재 영입 ⑥ 약속 이행 ⑦ 강한 책임감

⑧ 소통 능력 ⑨ 민생 우선 ⑩ 신뢰와 믿음 ⑪ 강한 자신감 ⑫ 강한 결단력 ⑬ 다양한 경험 ⑭ 뛰어난 외교력 등이다.

유능한 지도자가 되려면, 자기 자신을 위한 정치가 아니라 겸손하고 낮은 자세로 국민을 위한 정치를 해야 자신의 직職을 오래 유지할 수 있다. 즉 민생을 바탕에 두고, 멘토·책사의 조언을 경청하면서 국가와 지방을 경영하는 기법을 몸에 익혀야 한다.

무능한 지도자의 특징은 ① 직무수행 역량 부족 ② 인재 영입 실패 ③ 우유부단한 성격 ④ 불투명한 국정 목표 ⑤ 에너지의 결핍 ⑥ 불통·부정직 ⑦ 독불장군·권위주의 등이다.

미국의 자동차 왕 헨리포드Henry Ford는 "미래를 겁내고, 실패를 두렵게 여기는 사람은 그 활동을 제한당해 손발을 내밀지 못하게 되는 것이다"라고 강조한다.

실패는 '자본의 결핍'보다는 '에너지의 결핍'에서 때때로 일어난다. 국가와 지방경영에 실패했다는 것은 대통령이나 단체장 등이 ① 스스로가 마음을 갈고닦지 못했거나 ② 에너지가 결핍됐거나 ③ 역량이 없거나 ④ 덕德이 부족한 탓으로 보여진다.

Chapter 01

수신제가

　자신의 직職을 잘 유지하고 유능한 지도자가 되고 싶으면, 우선 '수신제가修身齊家'부터 해야 한다. 수신제가란 '자신을 수양하고 집안을 올바르게 가꾼다'라는 뜻이다.

　사람이 공부만 잘한다고 해서 수신제가가 절로 되는 것은 아니다. 즉 등산을 통해 심신을 단련하고, 문학을 통해 덕德을 키우고, 여행을 통해 다양한 분야의 지식과 견문을 넓혀야 한다. 그래야 수준 높은 경지에 이를 수 있다.

　도가道家의 대표적인 인물 장자莊子는 "사람은 먼저 자기 자신을 알고 철저히 분석해야만 다른 대상을 분석할 수 있다. 그 이유는 만물의 원리가 서로 같기 때문이다"라는 교훈을 남긴다. 즉 자신의 그릇을 먼저 알고, 심신을 올바르게 다스려야 유능한 지도자가 될 수 있다.

강유병거剛柔幷擧는 '강함과 유연함을 함께 사용한다'라는 뜻이다. 이것은 예부터 중국에서 내려오는 '마음을 다스리는 도道 가운데 가장 중심이 되는 사상'이다. 즉 '어떤 조직을 잘 이끌어 가기 위해서는 강유병거를 알고 실천하는 일'이 중요하다는 것이다.

홀랜드J.G.Holland는 "마음은 지성보다 지혜롭다"라고 설파한다. 마음은 감수성의 영역만이 아니라 내면생활의 큰 왕국이 된다. 날마다 학문을 연마하고 명상을 생활화하면, 마음을 크게 향상시킬 수 있다.

흔히 사람의 마음을 '그릇의 크기'로 비유하기도 한다. 그릇의 크기는 마음에서 시작되고 생각에서 창조된다. 사람에 따라 새가슴 같은 사람이 있는가 하면, 바다 같이 넓은 마음을 가진 사람도 있다. 자신의 마음을 스스로 조절할 수 있으면, 그릇이 크고 강한 사람이라 할 수 있다.

공자孔子는 제자들에게 다방면에 걸쳐 인격을 수양해야 한다고 가르치고, 맹자는 알묘조장揠苗助長이란 고사를 통해, '자기 수양은 내면에서 시작하여 순리대로 진행해야 한다'라고 가르친다.

성인들이 남긴 교훈을 분석해 보면, 국가나 지방을 성공적으로 경영하는 것이 얼마나 어려운 일인지를 알 수가 있다. 따라서 미래의 유능한 지도자가 되려면, 먼저 '수신제가修身齊家'를 실천한 뒤, '치국평천하治國平天'를 실행해야 한다.

Chapter 02

신중한 언어 사용

논어論語에 '일언이위지 일언이위부지一言以爲知 一言以爲不知'라는 말이 나온다. 즉 "단 한마디의 말로써 지자智者도 되고, 그렇지 않은 사람도 될 수 있다"라는 뜻으로, '언어言語는 매우 신중하게 사용해야 한다'라는 의미이다.

지도자가 국가나 지방을 경영하는 데 있어 가장 중요한 것은 신용, 즉 '언어'라 할 있다. 지도자와 국민은 날마다 언어와 싸운다. 지도자가 사용하는 언어는 ① 지도자 자신의 인품을 나타내며, 나아가 ② 국가와 지역민의 안위安慰와도 연결된다.

이렇듯 언어는 '그 어떤 병기兵器도 능가할 만큼 매우 탁월한 무기이며, 원자폭탄보다 더 무서운 것이다'라는 것을 가슴 깊이 새겨야 할 것이다. 루마니아의 작가 게오르기우Constantin-Virgil Gheorghiu는 "만약 이 세상에 황금보다 더 귀한 보물이 있다면, 그것은 당연히 언어이다"라고 강조한다.

노자老子는 "스스로 자신의 언변이 훌륭하다고 생각하는 사람이 있다. 그런 사람을 어떻게 대하는 것이 좋을지를 신경 쓸 필요가 없다. 그의 현란한 기교는 저절로 효과를 잃을 것이다"라고 설파한다.

속담에 '숨은 내쉬고 말은 내지 말라'라는 말이 있다. 즉 말은 입 밖에 내기를 조심하라는 뜻이다. 매번 선거철만 되면 곳곳에서 막말 논란이 일어난다. 막말은 단순한 실수가 아니라, 치유治癒가 불가능한 고질적인 병이다.

또 '말은 한 사람의 입에서 나오지만, 천 사람의 귀로 들어간다'라는 말도 있다. 만약 하고 싶은 말이 있으면, 말을 하기 전에 다시 한번 신중하게 생각해서 말해야 한다. 그렇지 않으면, 다시는 주워 담을 수 없는 큰 곤혹困惑을 치르게 될 것이다.

그리고 '눈은 둘, 귀도 둘, 입은 하나이니 많이 보고, 많이 듣고 그리고 조금만 말을 하라'라는 의미심장한 속담도 있다. 유능한 지도자는 긴 당나귀의 귀와 짧은 혀를 가지고 있다. 그러나 혀가 긴 지도자는 말은 많고 실행은 잘하지 못한다.

특히 '밤에 말을 할 때는 목소리를 낮추고, 낮에 말을 할 때는 주변을 잘 살펴서 이야기하라'라는 말도 있다. 사람이 자신의 몸을 너무 강하게 긁으면 상처가 나듯, 말도 너무 많이 하면 화禍를 자초하게 된다는 것을 꼭 명심해야 할 것이다.

Chapter 03

지혜 단련

지혜智慧가 있는 사람은 영원한 인간이다. 지혜는 '사물의 이치나 상황을 제대로 깨닫고, 그것에 현명하게 대처할 방도를 생각해 내는 정신의 능력'을 말한다. 유의어는 학문 · 지식 · 교육 등이 있다.

예로부터 '지혜로움'은 하나의 좋은 덕목으로 평가되고 있다. 동양에서 군자君子이 네 가지 덕목인 인仁, 의義, 예禮, 지智 중에서 '지智'가 바로 '지혜로움'을 뜻한다. 또 지혜는 변화를 의미하며, 계획을 완성 시켜 준다. 사람은 자신을 변화시켜 융통성을 발휘해야 대성大成할 수 있다.

윌러스 D. 워틀스(2020)는 "사람은 인생에 3가지 목표를 내걸고, 그것을 이루기 위해 최선을 다해야 한다"라고 강조한다. 즉 ① 지혜 단련하기 ② 건강한 몸만들기 ③ 마음 풍요롭게 하기 등을 열거하고 있다.

그리스의 철학자 헤라클레이토스Heraclitos는 "지혜를 갖는 것은 최대의 덕이다. 지혜는 사물의 본성에 따라서 이해하고, 진실을 말하고 그리고 행하는 것이다"라고 주장한다. 지혜는 마시면 마실수록 끊임없이 솟아오른다.

지혜는 금은보다 낫고, 지식을 훨씬 능가한다. 지혜는 배우는 게 아니라 오로지 삶과 진리 속에서 찾아야 한다. 그리고 지혜는 날마다 쉼 없이 사용해야 한다. 그렇지 않으면 금방 녹슬어 못쓰게 된다.

지식은 다른 사람에게 가르쳐 줄 수 있고 전수할 수 있다. 그러나 지혜는 가르쳐 주거나 전수(傳受)가 불가능하다. 즉 실력을 갖추는 것 못지 않게 중요한 것은 바로 사람을 보는 혜안과 영민한 지혜, 겸손한 마음을 갖는 것이다.

진정한 지혜는 영원히 마르지 않는 맑은 샘과 같다. 그 물은 마시면 마실수록 점점 많아지고, 물 또한 다시 솟아오른다. 이른바 지혜는 마시는 약이 아니지만, 보약을 먹은 것처럼 힘이 강해진다.

지혜는 지식과 마찬가지로 매일 쓰면 쓸수록 무한정 발전해 나간다. 하나를 터득하면 반드시 다른 것도 깨닫게 되고, 마음 또한 티 없이 맑아진다. 따라서 지혜를 단련해야 유능한 지도자가 될 수 있다.

Chapter 04

건강 관리

영국의 철학자·정치가 베이컨F. Bacon은 "건강한 몸은 정신의 사랑방이며, 병든 몸은 감옥이다"라는 의미심장한 말을 남긴다. 몸이 건강하면 진취적이고, 긍정적인 사고를 한다. 그러나 몸이 쇠약하면, 부정적인 사고를 하게 된다.

스위스의 교육학자 페스탈로치Pestalozzi는 "건강한 몸을 가진 사람이 아니고는 조국에 충실한 사람이 되기 어렵다"라고 강조한다. 그것은 건강한 대통령, 건강한 국회의원, 건강한 단체장, 건강한 기초의원, 건강한 국민이 되기 어렵기 때문이다.

속담에도 '삼정승 부러워 말고 내 한 몸 튼튼히 가져라'라는 말이 나온다. 즉 '헛된 욕심을 버리고 자신의 건강에나 힘쓰라'라는 뜻으로 건강이 벼슬보다 우선임을 강조하고 있다. '병에는 일천 가지가 있다. 그러나 건강은 한 가지밖에 없다'라는 것을 명심해야 할 것이다.

이 세상에 신성한 것이 있다면, 그것은 바로 인간의 몸이다. 건전한 정신은 언제나 신성하고, 건전한 몸에 머물고 싶어 한다. 그래서 건강의 유지는 인간의 의무이며, 즐거운 인생이며, 최고의 행복이며, 제일의 부富인 것이다.

건강은 육체적으로 건강하고, 정신적·사회적으로도 안녕 상태를 유지해야만 건강하다고 할 수 있다. 건강한 체력과 정신은 떼려야 뗄 수 없는 불가분의 관계이다. 체력에서의 고상하고, 기품 있는 아름다움은 정신에서의 건전한 양식과 같은 것이다.

'사람은 성스럽기 전에 건강해야 한다'라는 속담도 있다. 이 세상에서 건강보다 더 나은 부富는 없다. 건강한 사람은 두려움을 모르며, 건강의 유지는 자기 자신의 의무이며, 건강은 인생의 크나큰 보배이며, 건강은 건전한 마음의 중요한 생산물이다.

그리고 건강한 체력은 굳세고 건전한 정신을 만든다. 잠깐의 휴식은 긍정 에너지를 충전하는 소중한 시간이 된다. 따라서 지도자의 건강은 우리나라 미래의 희망이자 비전이다.

Chapter 05

인재 영입

세종대왕은 박연·이순지·장영실 등을 인재로 영입한다. 음악적 재능이 뛰어난 박연朴堧을 악학과 관습도감의 책임자로 임명한다. 그리고 문인·천문학자 이순지李純之를 영입해 1년 동안의 월일과 계절, 날씨의 변화 등을 정리하도록 한다.

특히 세종은 손재주가 뛰어난 장영실蔣英實을 인재로 영입해 우리의 과학기술을 크게 발전시킨다. 장영실의 발명품은 별의 움직임과 위치를 관찰하는 '간의와 혼천의', 물시계 '자격루', 해시계 '앙부일구', 강물의 높이를 재는 '수표', 비의 양을 재는 '측우기' 등이 있다.

청나라의 제4대 황제 강희제(康熙帝, 재위 : 1661~1722)는 중국 역사상 최초의 학자형 황제이자, 정치와 무공을 두루 겸비한 성군이다. 그는 1661년 8세의 나이에 보위에 올라, 14세(1667년)부터 직접 정사를 살피는 등 61년간 황제의 자리를 지키며 천하를 호령한다.

강희제는 인재를 등용할 때 '과거 시험 합격자(오늘날 고시 합격자 등)는 등용하지 않았다'라고 한다. 그는 그들을 '융통성이 없는 사람'으로 판단했기 때문이다. 그는 덕과 재능을 겸비한 융통성 있는 인재를 영입해, 적재적소에 배치하여 장점을 발휘할 수 있도록 조치한다.

제갈량諸葛亮은 인재를 심복·이목·조아로 열거하고 있다. 즉 ① 심복心腹은 믿을 수 있는 부하로서, 널리 학문에 능통하고 지혜가 뛰어난 사람 ② 이목耳目은 눈과 귀가 될 만한 부하로서, 침착하고 냉정하며 입이 무거운 사람 ③ 조아爪牙는 수족 같은 부하로서, 용맹하며 적을 두려워하지 않는 사람을 말한다.

'닭으로 하여금 밤을 지키게 하고, 고양이로 하여금 쥐를 잡게 한다'라는 말은 '재능에 따라서 인재를 쓴다'라는 뜻이다. 국가나 단체 등 어떤 조직을 장악하기 위해서는 이러한 세 가지 부류의 인재가 필요하다는 것이 제갈량의 인재관이다.

속담에 '개똥밭에 인물난다'라는 말이 나온다. 이는 '미천한 집안에서 훌륭한 사람이 나온다'라는 뜻이다. 신분보다는 재능과 능력을 우선시하는 세종대왕의 현명한 인재영입 방식이, 모든 분야에서 눈부신 발전을 이루게 된다.

Chapter 06

약속 이행

프랑스의 수필가 보브나르그M. Vauvenargues는 "함부로 약속하는 사람은 그 실행을 무시한다"라고 강조한다. 정치인들은 대개 선거에 출마할 때, 수많은 공약을 남발한다. 공약을 지키고 못 지키는 것은 나중의 문제이다. 우선 당선이 목적이라 약속부터 하고 본다.

정치인의 장단점을 분석해 보면, 그들은 대체로 ① 기반을 위한 일이라면 희생을 마다하지 않고 ② 명예 추구 등 목적에 대한 의식이 높고 ③ 국민에게 좋은 인상을 보여주고 싶어 한다.

그러나 ① 자아가 강해 고집이 세고 ② 선거공약이나 약속을 잘 지키지 않는 경향이 있고 ③ 국민의 간언을 경청하지 않는 편이라서 ④ 종종 선거법 등을 어겨 중간에 직職을 잃는 사람도 있다.

나폴레옹 1세는 "약속을 지키는 최상의 방법은 약속하지 않는 것이다"라고 강조한다. 즉 '약속은 그만큼 어렵다는 뜻이다. 미래를 예측하는 것은 어려운 일이라서, 미래를 두고 함부로 맹세하지 말라'라는 뜻이다.

속담에 '한 번 약속을 어기는 것보다 백번 거절해서 기분을 상하게 하는 편이 오히려 낫다'라는 말이 나온다. 약속은 함부로 해서도 안 되고, 쉽게 남발하거나 기분 내키는 대로 번복해서는 안 된다.

고사성어에 '장부일언 천년불개丈夫一言千年不改'라는 말이 나온다. 즉 '장부의 한 마디는 천년을 변치 않는다'라는 뜻으로 '한번 한 약속은 천년을 지켜야 한다'라는 뜻이다. 그러나 약속은 쉬워도 실행은 매우 어려운 것이다.

'갖바치 내일모레'라는 속담도 있다. 즉 '약속한 날짜를 자꾸 뒤로 미룬다'라는 뜻이다. 약속을 수시로 미루는 사람이 있다. 이런 사람은 단 한 번도 정해진 날짜와 시간에 나타나지 않는다. 평생 고칠 수 없는 운명 같은 병이다. 따라서 한 나라의 지도자라면, 약속을 철저하게 지키는 책임감이 강한 사람이어야 한다.

Chapter 07

강한 책임감

독일의 작가·철학자 괴테Goethe는 "각자가 자기 집 문 앞을 쓸어라. 그러면 온 거리가 깨끗해진다. 그리고 각자가 자기가 맡은 과제를 완수하라. 그러면 사회는 할 일이 없어진다"라고 설파한다.

책임감은 지도자에게 있어서 가장 중요하고 숭고한 것이다. 지도자는 매사에 책임을 다하는 자세와 넓은 마음을 가지고 국가나 지방을 경영해야 한다. 책임을 뒤로 미루거나 회피하면 재앙이 따르게 된다.

'일할 때는 그것이 마지막인 것처럼 완수하라'라는 말이 있다. 막중한 책임감으로 인해 마음이 무겁고 힘들 수도 있겠지만, 의외로 좋은 결과를 낳을 수도 있다. 만약 지도자가 국민을 위해 책임감 있게 행동한다면, 국민으로부터 신뢰를 얻게 될 것이다.

'책임이 찾아와 문을 두드리면, 문을 열고 맞이하라'라는 말도 있다. 한 나라의 지도자라면 책임을 가볍게 여겨서는 절대 안 된다. 책임은 평생 사람을 졸졸 따라다니며 괴롭히면서 지구 끝까지 쫓아온다.

사람은 책임을 완수하고 최선의 노력을 다한 끝에만 행복한 삶이 깃들고, 달콤한 휴식이 찾아온다. 지도자의 첫걸음은 자기가 맡은 책임을 반드시 지키겠다는 각오로 근면·성실하게 직무에 임해야 한다.

책임감이 강하고 자신의 마음을 잘 알고 있다는 것은 유능한 지도자라 할 수 있다. 즉 자신의 마음을 스스로 조절할 수 있는 강한 사람, 그릇이 크고 책임감이 강한 사람은 한 나라의 최고 지도자로서 인격을 갖춘 것이다.

미국의 제35대 대통령 케네디 J.F. Kennedy는 "나는 책임을 지고 모든 일을 행하며, 잘 수행하지 못했을 때는 스스로 그 책임을 인수할 대통령이 되고자 한다"라고 힘주어 강조한다.

자기가 뿌린 씨는 스스로 거둬야 한다. '책임은 집단적이고 고통은 개인적인 것'이다. 책임을 지는 지도자가 없으면, 모든 국민이 피해를 본다. '책임'이라는 짐을 지도자가 스스로 등에 걸머지면, 훨씬 가볍게 느껴질 것이다.

Chapter 08

소통 능력

소통communication이란 '사물이 막힘없이 잘 통함,' 또는 '서로 잘 통하다' 라는 뜻이다. 즉 소통은 '뜻이 서로 잘 통해서 오해가 없는 것'을 의미하기도 하고, '어떤 것이 막히지 않고 잘 통하는 것'을 뜻하기도 한다.

소통은 사람이 사회생활을 영유하기 위해 기본적으로 가지고 있어야 하는 능력을 말한다. 즉 소통은 ① 경청과 공감 ② 배려와 존중 ③ 팀워크teamwork의 세 박자가 잘 맞아야 한다. 세종대왕은 '마음'을 통하고, '말'을 통하고, '일'을 통하는 '3통通'으로 소통하는 등 일머리가 매우 뛰어난 성군이다.

영어에서의 커뮤니케이션communication은 '인간이 생존과 바람직한 사회생활을 영위하기 위해 외부적으로 나타내는 의사표시'라는 뜻을 내포하고 있다. 즉 '일정한 뜻의 내용을 언어와 그 밖의 시각과 청각에 호소하는 각종의 몸짓·소리·문자·기호·표정·노래 등을 매개로 하여 전달하는 일'로 정의한다.

행복한 사회생활·부부 생활도 인생의 긴 소통이자 대화라 할 수 있다. 그런데, 과거 우리의 지도자들은 임기 내내 국민과 잘 소통하지 않은 것으로 알려져 있다. 소위 소수의 비선 실세와 소통하고, 국민의 소리는 외면한 채 귀를 막곤 했다.

미국의 시인 롱펠로H.W. Longfellow는 "현명한 사람과 마주 앉아 일대일로 대화를 하는 것은 10년간에 걸친 독서보다 훨씬 낫다"라고 설파한다. 즉 소통은 상호의 이해를 깊게 만들어 주는 효과가 있다.

국민과 소통을 잘하는 유능한 지도자는 경청도 잘할 것이다. '소통은 국민의 말을 듣기만 하는 것이 아니라 국민이 전달하고자 하는 말의 내용, 그 내면의 동기나 정서에 귀를 기울여 경청하고, 이해된 바를 국민에게 피드백feedback 해주는 것을 말한다.'

국민의 직언을 진지하게 경청하는 자세는 성공의 지름길이 될 수도 있다. 지도자는 국민으로부터 직언을 들었을 땐, 화내지 말고 진지하게 경청해야 한다. 그러면 막힌 것도 탁 트이면서, 가려진 장막도 말끔히 걷히게 될 것이다.

Chapter 09

민생 우선

민생民生이란 '일반 국민의 생활이나 생계'를 뜻한다. 여기서 생활生活은 '생명이 있는 동안 살아서 경험하고 활동하거나 삶을 영위한다'라는 뜻이고, 생계生計는 '살아갈 방도나 형편'을 의미한다.

매번 선거철만 다가오면, 대선·총선·지방선거 등 각 정당의 후보들은 "민생의 안정이야말로 국력의 근본이다"라고 이구동성으로 외친다. 그러나 그 말은 립서비스lipservice로 하는 말이고, 대체로 선거 후에는 없었던 일로 끝나는 경우도 많다.

지도자가 국민을 돌볼 때는 마치 꿀벌이 벌집을 돌보듯 정성껏 보살펴야 한다. 지도자는 국민이 있어야 존재하는 것이다. 나라에 국민이 없으면 지도자도 필요 없는 것이다.

사람은 자유로운 존재로서 국민의 자유도 국가의 강대함에 비례한다. 즉 지도자가 통치를 잘하면, 그만큼 국민의 행복과 자유도 갑절로 늘어나게 마련이다. 자유가 늘어난 만큼 행복지수도 높아진다.

천명天命은 노력이나 지혜로 구할 수 없고, 민심 또한 무력으로 얻을 수 없는 것이다. 지도자의 지지율이 높고 낮은 것은 민심을 많이 얻었느냐, 아니면 얻지 못했느냐에 달렸다.

미국 제16대 대통령 링컨A. Lincoln은 대통령 취임식에서 "국가는 거기에 거주하는 국민의 것이다. 국민이 정부에 염증을 느끼면, 그들은 언제든지 그것을 개선할 헌법에 보장된 권리를 행사하거나, 전복시킬 수 있는 혁명권을 행사할 수 있다"라고 연설한다.

유능한 대통령은 국민 위에 군림하지 않고, 덕치德治와 법치法治로써 국민이 편안하고 행복하게 살아갈 수 있도록 통치하는 사람이다. 국가 존립의 기초는 우선 민생을 안정시키고, 도덕의식을 높이는 것부터 시작돼야 한다.

나라의 으뜸은 국토와 국민이다. 국민에게 꿈과 희망을 안겨주고, 국민을 낮은 자세로 섬기고, 우리의 본토와 도서島嶼를 굳건히 지키고, 민생을 잘 챙기는 미래의 유능한 지도자는 국민의 큰 희망이 될 것이다.

Chapter 10

신뢰와 믿음

공자公子는 지도자가 갖추어야 할 가장 중요한 덕목으로 '신뢰'를 꼽고 있다. 신뢰가 없는 지도자의 말과 정책은 공허한 외침에 불과하다. 신뢰信賴란 '굳게 믿고 의지함', '믿고 의지하다'라는 뜻이다. 유의어는 믿음·신용 등이 있다.

공자는 무신불립無信不立을 강조한다. 즉 '믿음이 없으면 서지 못한다'라는 뜻이다. 군신君臣 간의 믿음이 깨지면, 그 사람은 죽은 거나 마찬가지이다. 사람의 말을 믿는 것이 믿음이며, 자기가 한 말을 지키는 데서 신뢰가 시작된다.

로마의 서정 시인 호라티우스Quintus Horatius Flaccus는 "자기 자신을 신뢰하는 자는 군중을 지도하고 지배한다"라고 강조한다. 이 세상에 신뢰와 믿음보다 더 신비로운 것은 없다.

속담에 '믿는 도끼에 발등 찍힌다'라는 말이 있다. 일상생활에서 흔히 쓰는 말이다. 즉 '아무 염려 없다고 믿고 있던 일에 문제가 생긴다는 것'이다. 또 '동네 색시 믿고 장가 못 든다'라는 속담도 있다. 즉 '남을 막연하게 믿고 있다간 낭패를 본다'라는 뜻이다.

국민에게 믿음을 심어주려면, 우선 지도자가 자기 자신에 대한 믿음과 국가와 지방을 성공적으로 경영하겠다는 생각과 용기, 확신이 있어야 한다. 그래야 나라 안팎에서 일어나는 수많은 난관을 지혜롭게 헤쳐 나갈 수 있다.

국민이 지도자를 믿는 것도, 믿지 않는 것도 둘 다 어려운 일이다. 그러나 국민은 지도자를 의심하는 것보다, 또 지도자가 국민을 의심하는 것보다 차라리 믿는 게 훨씬 더 쉽다. 신뢰와 믿음은 생각보다 오래 지속된다.

믿음과 진실은 늘 우리와 가장 가까운 곳에 머문다. 다만 지도자가 그것에 관심이 없거나 주의하지 않았을 뿐이다. 지도자는 국민에게 줄 믿음을 찾아야 한다. 국민은 믿음을 주는 유능한 지도자를 기다리고 있다.

Chapter 11

강한 자신감

자신감自信感은 '어떤 일을 스스로의 능력으로 충분히 감당할 수 있다고 믿는 마음', '어떤 일을 할 수 있다는 것을 확신하게 만드는 것'을 말한다. 유의어는 실력·능력 등이 있다.

지도자가 갖는 자신감은 국민에게 용기를 주고, 자기 자신의 한계를 슬기롭게 극복하는 데 도움을 준다. 또 국민에게 희망과 다양한 기회를 제공하고, 국정의 최종 목표를 향해 나아갈 수 있는 강한 힘을 부여한다.

이러한 자신감은 지도자가 자기 자신의 능력과 역량에 대해 믿고 의지할 수 있는 신뢰로써, 국정 업무를 추진하는 데 확신을 주고, 국민에게 희망과 신뢰, 안정감을 심어주게 된다.

성공적인 국가경영의 비결은 자신감이다. 자신감은 지혜보다도 늘 승리의 편이 되어 준다. 자신감을 가진 유능한 지도자는 어려운 난국을 스스로 수습할 수 있고, 국민을 앞장서서 바른길로 인도할 수 있다.

속담에 '자신감은 성공의 으뜸가는 비결이다'라는 말이 나온다. 그러나 자신감이 지나치면 오판할 수도 있고, 역효과를 자초할 수도 있고, 자기 자신의 이익에만 치중할 수도 있다.

계영배戒盈杯는 '술을 넘치게 따르면, 술잔 옆에 난 구멍으로 술이 아래로 흐르도록 만든 잔'을 말한다. '곧 과음을 경계하려고 만든 잔으로 일명 절주배節酒杯'라고도 한다. 또 '인간의 끝없는 욕심을 경계해야 한다'라는 상징적인 의미도 함께 담겨 있다.

유능한 지도자는 적당할 때 멈출 줄 아는 '계영배의 잔'처럼, 지나친 자신감도 모자람도 없이 자신의 권좌를 유지하면서 강약을 잘 조절하는 그릇이 큰 훌륭한 사람이다.

Chapter 12

강한 결단력

결단력은 위대한 리더십의 필수 요소이다. 지도자는 그만큼 무거운 책임 속에서도 과감하게 결정을 내릴 줄 알아야 한다. 이러한 결정이 국가와 국민의 운명을 바꾸기 때문이다.

지도자가 자신의 내면에 강렬한 책임의식이 있으면, 국민이나 사물을 대하는 자세가 바뀌면서 스스로 움직이려는 마음이 생긴다. '결단력'도 선천적으로 가지고 태어난다. 생년월일을 분석해 보면 '결단력이 있는 사람', '우유부단한 사람' 등 타고난 성품을 알 수 있다.

결단력을 키우려면 '오랫동안 독서를 하고', '다양한 경험과 여행의 힘'으로 내공을 축적해야 한다. 그렇지 않으면 간신배나 검증되지 않은 사람의 손에 이끌려 평생 결정을 당하게 된다.

'결단의 힘'을 강조한 고도토키오(2022)는 결단의 힘을 "혼자서 결정을 내리는 힘"이라고 하면서, 그는 또 "인생의 핸들을 직접 쥐고 삶을 제어하며, 자기 주도 방식으로 살아가는 힘을 자기주도권"이 라고 주장한다.

즉 자기주도권은 성공과도 직결되는 것으로서, 다양한 상황에서 자신의 머리로 결정하는 힘이다. 즉 자기 주도 방식은 '내 삶을 존중하고, 스스로 의사결정을 내리는 힘'을 말한다. 그러나 자기주도권을 쥐지 못하면, 인생을 수동적으로 살아가게 된다.

한 번 내린 결단을 중간에 번복하면, 국가는 혼란에 빠지게 된다. 프랑스 근대철학의 아버지 데카르트R. Descartes는 "결단을 번복하거나 내리지 않는 것이야말로 최대의 해악이 된다"라고 강조한다.

지도자의 중대한 임무는 먼 곳에서 찾는 것이 아니다. 그것은 곁에 있는 것을 찾아서 실행하고, 현명하게 결단을 내리는 것이다. 따라서 유능한 지도자가 되려면, 강한 결단력을 가지고 국민을 덕德으로 다스려야 한다.

Chapter 13

다양한 경험

미국의 발명가 토머스 앨바 에디슨T.A. Edison은 84년의 생애 동안 1천 93개 이상의 발명품을 남긴다. 그는 '전구를 완성하기 위해 약 1만 번 실패하고, 축전기를 완성하기까지 약 2만 번의 실패의 경험을 맛본 것'으로 알려져 있다.

온갖 시련과 실패의 경험을 새로운 출발점으로 삼았던 그의 강한 불굴의 투지와 낙천적 인생관이 오늘날 에디슨을 위대한 발명왕으로 만들게 된다.

경험은 과학의 어머니로서, 모든 사항에 있어 스승이 된다. '경험을 쌓아 올린 사람은 점술가보다 더 많은 것을 알게 된다'라는 말도 있다. 세상의 모든 일은 스스로 겪어보아야 알 수 있다.

인생은 실패를 겪으며 사는 것이다. 어린아이가 넘어짐으로써 안전하게 걷는 법을 배우듯, 일찍이 고난과 실패의 경험이 많은 지도자는 국가나 지방을 성공적으로 경영할 수 있을 것이다.

인생을 살아가면서 얻은 경험은 참으로 귀중한 자산이자 지식이 된다. 다양한 경험은 정치 · 사업 · 교육 · 문화 · 예술을 돕는다. 그리고 다양한 경험은 여러 가지 문제를 해결하는 데 큰 도움이 된다.

인생에서 가장 중요한 것은 다양한 경험을 얻는 일이다. 경험이 없는 지도자보다 경험이 많은 지도자가 국가경영을 훨씬 잘한다. 사람도 경험 많은 사람보다 훌륭한 사람은 없다.

속담에 "소리개도 오래면 꿩을 잡는다"라는 말이 나온다. 즉 '오랜 경험이 쌓이면 못하던 것도 가능하게 된다'라는 뜻이다.

다양한 경험은 안목과 선택의 폭을 넓혀주며, 이론보다 훨씬 더 우위에 있다. 무슨 일이든 경험을 많이 해본 사람이 낫듯이 나랏일도 그릇이 크고, 다양한 경험을 갖춘 지도자가 맡으면 분명 성공할 것이다.

Chapter 14

뛰어난 외교력

로마의 세네카L.A. Seneca는 "인간은 사교적 동물이다"라고 강조한다. 사람은 아침에 눈을 뜨면 가장 먼저 사람을 만난다. 그만큼 사람은 사람과의 관계, 즉 인생을 살아가는 데 있어서 사교가 중요한 부분을 차지한다.

사교성이 뛰어난 지도자는 외교력 또한 뛰어날 것이다. 지도자는 국익을 위해 적극적인 외교력diplomacy을 펼쳐야 한다. 외교력은 '정부가 국가의 대외정책을 실현하고, 국가 간의 문제를 해결해 나가는 능력'을 말한다.

UN 미국대표 골드버그Goldberg는 "외교술은 가장 은근한 방법으로 가장 음흉한 일을 행하고 말하는 것이다"라고 설파한다. 외교 관계를 유지하는 이유는 서로 친목을 도모하고 칭찬을 나누는 단순한 사교모임이 아니다.

우리나라는 중국·러시아·일본·북한이 가까이 있어, 동맹국인 미국과 안보적으로도 매우 중요하다. 우리는 안보·식량·무역 등 각종 편의를 확보해 두려면, 무엇보다도 활발한 외교력이 요구된다.

최근 중국의 군사력 증강과 북한의 핵실험이 예상을 초월할 만큼 확대되고 있다. 우리나라는 우리의 동맹국인 미국과 주변 국가와도 상생하면서 돈독한 동맹을 강화해야 한다.

국가와 국가 간의 동맹 관계도 절대불변의 것은 아니다. 비록 동맹국이라 할지라도 자국의 이익에 위배 되면, '어제의 동맹국'이 '오늘의 적국'으로 바뀔 수도 있다. 동맹 관계에서는 자국의 이익을 우선시해야 한다.

우리는 앞으로 인구가 많은 중국·인도·동남아시아 등과 우호적인 관계를 유지하면서, 이를 잘 이용해야 할 것이다. 우리의 미래를 위해 선의의 경쟁을 해야 할 나라는 중국·인도·인도네시아 등이다. 세 나라의 인구를 합치면 30억 명이 넘는다.

영국의 시인 워턴 T. Warton은 "대사란 것은 국가를 대신해 외국에서 거짓말하기 위해 파견된 가장 정직한 인물이다"라고 강조한다. 이렇듯 넋 놓고 눈 감고 있으면, 언제 코 베어 갈지 알 수 없다.

제2부

자연의 섭리

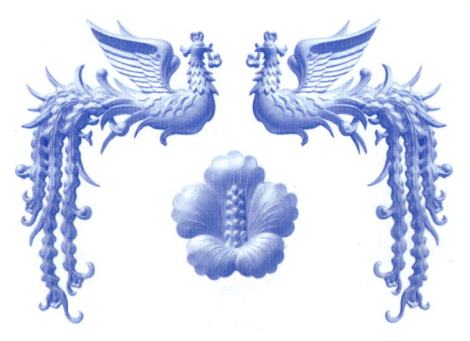

1
인연의 힘

인연과 운명

로마의 정치가·철학가·문학가 키케로Marcus Tullius Cicero는 "인간의 일생을 지배하는 것은 운명의 여신이지 인간의 지혜는 아니다"라고 주장한다. 꼭 만나야 할 인연因緣이라면, 특별한 지혜나 노력 없이도 자연스럽게 만나게 된다. 그러나 인연이 안 되는 사람은 노력해도 쉽게 만날 수 없다.

'봉사의 마누라는 하느님이 점지한다'라는 속담이 있다. 사람이 서로 인연을 맺는 것도 우연히 되는 것은 아니다. 인연이 될 연분은 따로 있다. 길가에 있는 돌도 나와 연분이 있어야 발로 차듯, 하찮은 것이라도 인연이 있어야 이루어진다. 즉 인연을 맺는 것도 '자연의 섭리'이다.

사람과 맺은 인연이 한평생 의좋게 가는 일도 있지만, 오래 못가서 금방 깨지는 일도 있다. 또 사람에 따라 복福을 몰고 오는 사람이 있는가 하면, 그렇지 못한 사람도 있다. 인연을 맺을 때는 이익이 되는 사람을 만나야 새로운 길이 활짝 열린다.

복은 세 가지가 있다. ① 하늘로부터 받는 천복天福 ② 땅으로부터 받는 지복地福 ③ 사람으로부터 받는 인복人福이 있다. 이 중에서 '인복'이 가장 중요하다. 흥하고 망하는 것도 한순간이다. 사람을 잘 만나면 인생에 도움이 되지만, 잘못 만나면 해를 당할 수 있다.

또 '귀신보다 사람이 더 무섭다'라는 속담도 있다. 즉 자신보다 못한 사람과 벗 삼으면 안 된다. 사람은 사람다운 사람과 인연을 맺어야 행복해진다. 자신보다 못한 사람을 만나면, 유익함보다는 손해를 보는 일이 더 많다. 손해를 입히는 사람이 옆에 있으면, 절교하는 것이 좋다. 절교도 하나의 미덕美德이다.

특히 대통령 · 국회의원 · 지방선거 등에 출마할 경우, 후원회장 · 사무장 · 수행비서 · 선거운동원 등을 잘 만나야 선거에서 대승大勝을 거둘 수 있다. 그만큼 인연은 매우 중요한 것이다.

Chapter 01
학자의 길을 열어준 L교수

평범한 사람도 사람을 잘 만나면, 유능한 사람이 될 수 있다. 그러나 훌륭한 사람도 사람을 잘못 만나면, 그릇된 사람으로 전락할 수도 있다. 사람이 한세상을 살면서 언제 누구를 어떻게 만나느냐에 따라서 자신의 운명運命이 갈리게 된다.

 어느 날 이웃 마을에 사는 친구가 찾아와 대학에 진학하자고 권유해 온다. 농촌에서 대학에 진학하는 일은 쉬운 일이 아니지만, 나는 '친구 따라 강남 간다'라는 속담을 떠올리며 이내 용기를 낸다.

 친구는 행정학과에 함께 지원하자고 했지만, 나는 '관광학과'를 선택한다. 그런데 당시 관광학과는 '먹고 노는 학과'로 인식하고 있어서, 처음엔 주변 사람에게 종종 무시를 당한다.

 나는 관광 분야에서 최고가 되기로 맘먹는다. '쇠뿔도 단김에 빼라'라는 속담을 떠올리며, 곧바로 여행과 일본어 공부에 몰입한다. 방학 때는 종로의 일본어 학원에 등록해서 공부한다. 버스로 학원을 오갈 때는 눈에 들어오는 건물에 부착된 간판을 일본어로 번역해서 외운다.

집에서는 일본어책을 오려서 방 전체를 도배한 뒤, 책을 통째로 외운다. 그리고 카세트테이프cassette tape가 늘어질 때까지 반복해서 듣는다. 드디어 관광학과 'L지도교수'에게 인정을 받는다. 그러던 어느 날 지도교수와 상담한다.

"이번 여름 방학에 일본 연수여행을 계획하고 있는데 함께 가면 어떨까?"
"네! 일본을요…?"
"최군은 일본어를 잘하니, 이번 기회에 실력을 발휘해 보면 좋을 것 같은데…."
"사실, 꼭 가고는 싶은데요. 비용 때문에 걱정이 됩니다…."
"음, 부모님과 잘 상의해봐…."
"네, 알겠습니다…."

나는 농촌의 생활 여건상 외국을 가는 것은 매우 어려운 일이라서, 여러 날 많은 고민을 하다가 부모와 여러 형제를 설득해서 어렵게 비용을 마련한다.

1982년에는 해외여행에 대한 조건이 매우 까다로웠다. 엄격한 신원조회와 보증인이 필요했고, 반공교육도 받아야 한다. 특히 해외여행에 대한 인식 부족으로 많은 어려움과 고초를 겪으면서, 10일간의 '생애 첫 연수여행'을 마치고 귀국한다.

졸업 후 ㈜서울교통공사 일본과에 입사한다. 내가 담당하는 업무는 일본어로 된 문서 수발신 업무, 일본지사 파견근무, 일본인 관광객 안내·통역 업무 등이다. 즉 공항 미팅·센딩 업무, 호텔 체크인·체크아웃 업무, 관광지 안내업무, 예약업무, 기타 음식점·면세점·쇼핑 안내 등이다.

나는 먼 미래를 대비해 대학원에 진학해 석사학위를 취득한다. 주경야독晝耕夜讀을 하면서 틈틈이 책을 집필한다. 실무경험을 기초로 20대 후반부터 국내 최초로 『관광일본어』, 『관광일본어회화』, 『호텔실무일본어회화』 등 일본어 교재를 시리즈로 총 10권을 집필한다. 전국의 많은 대학에서 졸저拙著를 채택해서 교재로 사용한다.

프랑스의 학자·작가·발명가 파스칼Blaise Pascal은 "인간은 말하지면, 부단히 배우는 유일한 존재이다"라고 주장한다. 배움은 때가 없는 법이다. 큰 꿈을 이루기 위해서는 부단히 배우고 갈고 닦아야 자신의 분야에서 최고가 될수 있다.

전술한 바와 같이 나는 L지도교수와의 인연으로 1981년 대학 입학 후, 1992년 11년 만에 경복대학 관광학과 교수 겸 초대 학과장으로 임용된다. 지금 돌아보면, "그때 일본 연수여행 경험이 내 인생에 있어서 큰 획으로 작용하게 된 것이로구나"라는 생각이 든다.

Chapter 02

독서의 길을 열어준 C교수

사람이 성공할 수 있는 가장 큰 힘은 무엇일까? 그것은 남다른 생각을 하는 데 있다. 이러한 생각은 독서讀書를 통해서 얻을 수 있다. 즉 독서는 마음의 양식이며, 우리의 일상생활에서 많은 것을 해결해 준다.

'책을 읽지 않는 민족공동체는 멸망한다'라는 말이 있다. 종이책을 멀리하면 발전할 수 없다. 사람은 정신적 역량이 부족하면 건전한 생각, 훌륭한 정치 등 개인과 국가의 눈부신 발전을 기대할 수 없게 된다.

요즘은 책을 가까이하는 사람이 거의 없다. 지하철을 타보면 금방 알 수 있다. 과거에는 책을 읽는 사람이 제법 많았다. 지금은 주로 게임, 디지털 영상 등에 몰두해 있다. 사람은 누구나 책을 읽지 않으면, 편향적이고 극단적인 생각을 하게 된다.

그리스의 철학자 소크라테스Socrates는 "남이 쓴 책을 읽는 데 많은 시간을 보내라"라고 주장한다. 그는 또 "남이 고생한 덕분에 자기 자신을 쉽게 개선할 수 있다"라고 하면서 독서의 중요성을 힘주어 강조한다.

나는 대학 시절 학생회의 간부가 된다. 맡은 직책은 '문예부장'이다. 나는 '멀티형 타입'으로 선천적으로 많은 재능을 지니고 태어났다. 초·중·고 시절부터 예체능 분야에서 탁월한 능력을 발휘해 지역 사회에 널리 알려진다.

학생회의 문예부장 지도교수는 교양학과의 '국어담당' 교수'이다. 나는 여름 방학 때 'C교수'의 집을 방문한다. C교수의 집은 2층으로 되어 있는데, 안으로 들어서는 순간 깜짝 놀란다. 1층 계단 입구에서 2층 서재까지 양쪽으로 손때 묻은 책이 줄지어 진열돼 있다.

2층 서재에 올라가니 방안은 더 많은 책으로 가득하다. "와! 교수가 되려면, 이 정도의 책을 읽고 소장해야 하나 보다…." 책은 줄잡아 1만여 권은 있는 것 같다. 나는 C교수 앞에서 긴장한다. 잠시 주변을 두리번거리다가 기어들어는 작은 목소리로 질문한다.

"저…, 교수님! 글을 잘 쓰려면, 어떤 책을 읽어야 합니까?"
"음, 독서는 정석이 따로 없네, 장르 불문 닥치는 대로 읽으면 되네…!"

'책을 읽지 않는 사람을 경계하라'라는 말이 생각난다. 책에 무관심한 나는 드디어 독서에 눈을 뜨기 시작한다. 그 길로 가까운 서점에 가서 베스트셀러best seller 작품을 모조리 사서 닥치는 대로 읽는다.

나는 장소와 때를 가리지 않고 밤낮으로 눈을 밝히며 시·수필과 소설, 한국 역사와 중국 고전 등 다양한 장르의 책 속에서 길을 찾는다. 글은 읽으면 읽을수록 사리事理를 판단하는 마음과 눈이 생기는 법, 나는 '늦게 배운 도둑이 날 새는 줄 모른다'라는 말처럼, 책 속에서 진리를 터득한다.

사람은 적절한 시기에 동기부여가 있어야 한다. 나는 C교수의 서재에서 나에게 동기부여를 한다. 결국, C교수와의 운명 같은 인연으로 인해 지금까지 1만 여권의 책을 읽고『대통령과 멘토』,『대통령의 자리 권좌』등 40여 권의 저서를 발간한다.

전술한 바와 같이 '독서량讀書量은 인생량人生量이다'라는 말이 있다. 미래의 유능한 국민, 대통령·국회의원·단체장·기초의원·기업인은 손에는 책을, 가슴에는 지혜를 품고 살아가야 개인이나 국가·지방·기업이 발전할 수 있다.

프랑스 근대철학의 아버지 데카르트R. Descartes는 "좋은 책을 읽는 것은 과거의 가장 뛰어난 사람과 대화를 나누는 것과 같다"라고 강하게 피력한다.

Chapter 03

실천능력이 부족한 대권 주자

인생은 어두운 밤과 같다. 앞에는 칠흑 같은 어둠이 있고, 낭떠러지도 도사리고 있다. 또 산길 물길을 건너가다 보면, 험한 길이나 수렁의 길을 만날 수도 있다. 인생은 항상 걷기 좋은 순탄한 길만 있는 것은 아니다.

  지인의 소개로 대권大權을 꿈꾸는 분을 만난다. 그는 국회의원, 거대 정당의 당대표, 제2인자 등을 역임한 분으로서, 내가 쉽게 범접할 수 있는 그런 분이 아니다. 그분과 2시간 동안 점심을 하면서, 현 시국과 향후 정치 전망 등에 대해 많은 대화를 나눈다. 그때 나는 그분의 인생을 결정할 가장 중요한 질문을 던진다.

"저, 새로운 정당을 창당하시나요?"
"창당요! 아직 계획이 없는데요."
"창당하시면 절대 안 됩니다! 남 좋은 일 시킵니다…."
"네, 그럴 맘 없습니다."

나는 옆에 또 다른 배석자가 있어 구체적으로 설명하지 않는다. 나중에 조용히 단 둘이 만나서 진지한 대화를 이어갔으면 좋았는데, 독대는 이루어지지 않는다. 그 후 문자와 전화로 도와 달라는 요청을 받았지만, 그분은 나의 어떤 조언도 진지하게 귀담아듣거나 실천實踐하지 않을 것으로 판단돼, 나는 슬며시 인연을 끊는다.

나는 그분을 만나 2시간 동안 대화하면서, 그의 타고난 '천직'과 '재능'을 비롯한 그릇의 크기 · 인간관계 · 건강상태 · 가치관 · 경청능력 · 실천능력 등을 종합적으로 상세하게 파악한다.

특히 그분은 머리가 비상하고, 통찰력과 뛰어난 예지력을 지닌 분이다. 게다가 다방면으로 지식이 많은 분으로서, 제2인자까지 오른 좀처럼 보기 드문 매우 훌륭한 분이다.

독일의 시인 · 소설가 · 극작가 괴테Goethe, Johann Wolfgang vo는 "항상 실천이 필요하다"라는 말을 남긴다. 생각은 쉬워도 실천은 어렵다. 속담에 '말이 앞서지 일이 앞서는 사람 본 적 없다'라는 말도 있다. 즉 '말 없이 실천하는 사람은 드물다'라는 뜻이다.

그러던 어느 날, 그분은 여러 방송에 출연해서, 새로운 정당을 '창당創黨'한다고 선언한다. 나는 그분에게 "창당하면 남 좋은 일 시킵니다…!"라고 힘주어 강조했는데, 귀를 닫고 실천하지 않는다. 결국, 예측한 대로 그는 성과를 거두지 못하고 크게 실패한다.

인간의 행복과 불행은 모두 맘먹기에 달렸다. 마음은 지성보다 지혜로워 꽃향기처럼 사라져도 계속 뿌리로 남는다. 그래서 선한 마음은 자주 사용하지 않으면 메말라 버린다. 한번 옳게 맘먹은 것은 그날그날 맘속에 깊이 각인하면서 사용해야 한다. 마음속 깊이 스민 '쑥향'처럼….

Chapter 04

잠깐 스쳐 간 인연

지체 높은 사람과 문자를 주고받은 것을 보여주면서 끊임없이 자기 자랑을 하는 사람, 양해 없이 대화 중에 장시간 통화를 하는 사람은 남의 말을 듣기보다는 주로 자기 자랑을 많이 한다. 이런 분은 건성으로 사람을 대하기 때문에 이익利益이 되어 돌아올 게 없다.

어느 날 결혼식 주례를 서달라는 부탁을 받고, 서울 명동의 R호텔 커피숍으로 나간다. 나는 먼저 도착해서 조용한 곳에서 기다린다, 잠시 후 중년의 여성이 다가온다.

"안녕하세요. 교수님! 저는 신부 어머니 되는 사람입니다."
"네, 안녕하세요. 반갑습니다."
"어머! 교수님 정말 멋지게 생기셨네요. 너무 맘에 듭니다."

그는 짧은 순간에 나를 위아래로 쭉 살펴본 것이다. 주례도 면접을 본다는 생각이 들자 기분이 묘했지만, 나는 재빨리 분위기를 바꾼다.

"좋게 봐주셔서 감사합니다."

"호호, 오히려 제가 감사하죠…."

잠시 후, 그는 핸드백에서 봉투를 꺼낸다.

"아무래도 결혼식 날은 경황이 없을 것 같아서요, 봉투를 미리 드릴게요."

"아닙니다. 나중에 주셔도 됩니다."

"어서, 빨리 넣어 두세요…."

"감사합니다."

그는 내가 맘에 들었는지, 연신 미소를 지으며 즐거워한다. 이윽고 자신의 스마트폰에 저장된 국민의힘 '대권 주자'와 함께 촬영한 여러 장의 사진을 보여주면서, 그분에게 전화를 건다.

그는 한참 동안 통화를 하더니, "조만간 시간을 정해서 교수님과 함께 뵙겠습니다"라고 하면서 전화를 끊는다. 그러나 그 뒤로 많은 시간이 흘렀지만, 한 통의 전화도 없다.

어느새 결혼식 날이 다가와 나는 결혼식장으로 간다. 그는 나를 남편과 신랑에게 소개한다.

"여보, 교수님 넘 멋지지요…!"

"안녕하세요. 혼례 축하드립니다."

"네, 집사람에게 말씀 많이 들었습니다. 주례 잘 부탁드립니다."

"네…."

"결혼식 끝나면, 꼭 찾아뵙겠습니다."

"아, 네…."

결혼식은 성대하게 잘 마친다. 나는 친척들과 식사를 하고, 조용히 자리에서 일어난다. 그 후 많은 시간이 흘렀지만, 지금까지 단 한 통화의 전화도 걸려오지 않는다.

공자孔子는 '선행기언先行其言 이후종지而後從之'를 강조한다. '무릇 사람은 자신이 말하고자 하는 것을 먼저 실천한 뒤, 그것을 말해야 한다'라는 뜻이다. 말이 앞선 사람은 실천하지 않는다. 그러나 진실한 사람은 말을 아끼고 조용히 실천한다.

Chapter 05

곧바로 끊어버린 인연

속담에 '가재는 게 편이다'라는 말이 있다. 즉 '모양이 비슷하고 인연이 있는 대로 마음이 간다는 것이 아닐까? 나는 학교 선배가 만나자고 해서 분위기 좋은 서울 소공동의 L호텔 로비라운지에서 약속한다.

약속 장소에는 당연히 선배 혼자 나올 것으로 생각했는데, 갑자기 여기저기서 여러 사람이 몰려온다. 선배는 호객꾼들과 함께 온 것이다. 나는 순간 난감하고 불길한 예감이 들었지만, 차분하게 상황을 지켜본다.

선배는 자리에 앉자마자 A회사 다단계의 성공 사례를 들춰 보이며, 함께 온 일행과 장황하게 설명한다.

"최 교수! 다단계 해보지 않겠어?"

"네! 다단계요?"

"직장에서 주는 월급만 받지 말고, 제자들과 함께 힘을 모아 큰돈 벌어보자구!"

"네, 저는 사양하겠습니다!"

그들은 다소 난감한 표정을 지으며, 계속해서 유혹해 온다. 물론 다단계가 모두 나쁜 건 아닐 수도 있지만, 자칫하면 막대한 손해를 볼 수 있다. 나는 안 되겠다 싶어 비싼 커피값을 계산한 뒤, 곧바로 인연을 끊어 버린다.

행실이 나쁜 사람은 서로 비슷한 사람끼리 붙어서 몰려다닌다. 선배와 함께 나온 그들은 처음부터 순수한 만남을 생각한 것이 아니라 자신들이 하는 사업에 나와 학생들을 끌어들여 철저히 이용하려고 한 것이다.

요즘 세상은 사방이 온통 적으로 둘러싸여 있어, 눈 감으면 코 베어 간다. 호시탐탐 검은 유혹의 손길이 기회를 노린다. 또 몰래 상대의 뒤통수를 쳐 재산을 약탈하는 일이 비일비재하다.

마치 전쟁터와 같은 험난한 세상에서 안전하게 자신을 지키려면, 늘 눈에 보이지 않는 위험에 대비해야 한다. 상대의 달콤한 유혹이나 제안을 단호하게 거절할 줄도 알아야 자신을 지킬 수 있다.

논어論語에 '도부동道不同 불상위모不相爲謀'라는 말이 나온다. 즉 '가고자 하는 길이 같지 않으면, 서로 인연을 도모하지 말아야 한다'라는 뜻이다. 아무리 친하고 잘 아는 선배라 해도, 그가 오랜 세월 동안 어떤 삶을 살아왔는지 확인하는 것은 불가능하다. 달콤한 유혹에 넘어가 가지 말아야 할 길에 들어서면 큰 낭패를 볼 수 있다.

대체로 좋은 운이든 나쁜 운이든 자기 주변에서 일어난다. 해를 끼치는 사람도 멀리 있는 것이 아니라 늘 가까이 있다는 것을 명심해야 한다.

인연을 맺을 때는 선후배나 가족·동창·지인·직장동료 등 내 주변에 있는 사람을 잘 살펴야 한다. 그렇지 않으면 윤 대통령의 처와 처가 식구 그리고 최측근 천공, 건진법사, 명태균 등과 같은 사람에게 끊임없이 끌려다닐 수 있다. 자신에게 해를 끼칠 것 같으면, 굳이 체면까지 지켜가며 관용寬容을 베풀 필요는 없다.

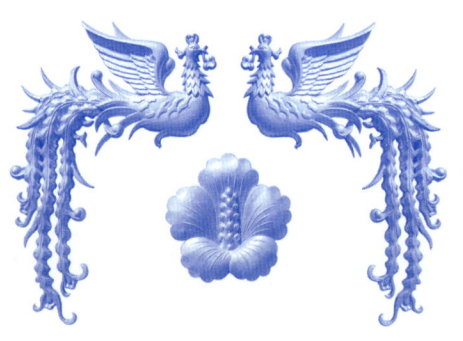

2
재능의 힘

천직과 재능

사람은 누구나 성공을 꿈꾸며 살아간다. 성공하고 싶으면 자신의 타고난 직업과 재능부터 알고 있어야 한다. 그래야 '성공의 문'이 활짝 열리게 된다. 직업과 재능은 선천적先天的으로 지니고 태어난다. 즉 인위적인 것이 아니라, '자연의 섭리'에 의해 형성된다.

미국의 사상가·시인 에머슨Ralph Waldo Emerson은 "사람은 누구나 타고난 천직이 있는데, 재능이 그것이다"라고 주장한다. 여기서 ① 천직天職은 '타고난 직업이나 직분'을 뜻하고 ② 재능才能은 '재주와 능력을 아울러 이르는 말'이다.

속담에 '재능이란 인간의 힘 속에 있는 것이다'라는 말이 있다. 힘 속의 재능을 충분히 발휘한 사람은 성공한 인생을 누린 것이고, 타고난 재능을 맘껏 발휘하지 못한 사람은 실패한 인생을 산 것이다. 따라서 타고난 자신의 천직과 재능을 살려야 자신의 분야에서 최고가 될 수 있다.

전 세계 80억 인구의 생년월일을 분석해보면, 그 사람의 타고난 천직과 재능을 알 수 있다. 보통 타고 난 천직에는 학자, 정치인, 공무원, 전문직, 사업가, 상담가, 종교인, 군인, 법조인, 의사, 금융인, 언론인, 연예인, 체육인 등 무수히 많은 직업의 종류가 나온다.

본서에서는 타고난 천직과 재능을 ① 멀티형 타입 ② 귀인형 타입 ③ 모성애 타입 ④ 고집형 타입 ⑤ 수동적 타입 ⑥ 로비형 타입 ⑦ 지혜형 타입 ⑧ 돌진형 타입 ⑨ 직진형 타입 등 총 9개의 타입으로 분류하고자 한다.

♣ 필자는 '관광학자'로서 무속 · 사주 · 관상 · 주역 · 철학 · 명리학 등을 별도로 공부한 적은 없다. 위와 같은 분류는 평생 독서와 많은 사람을 만나 연구한 결과를 바탕으로 서술한 것이다.

사람은 자신의 천직이나 재능과 무관하게 그해에 대운大運이 들어오면, 대선 · 총선 · 지방선거 등에 출마해 당선될 수 있다. 대운이란 '아주 크고 좋은 운수'를 말하는데, 태어난 연월일年月日을 기준으로 10년마다 운이 바뀐다.

향후 대선 · 총선 · 지방선거 등에서 당선되고 싶으면, 자신의 천직과 재능부터 알고 있어야 실패할 확률이 낮아진다. 기본적으로 천직과 재능에 '정치인 직업'이 있으면, 선거에서 당선될 확률이 높다. 물론 정치인 직업이 있다고 해서 모두 당선되는 건 아니다. 그해에 대운이 들어와야 하고, 또 정치에 대한 경험·지식·재능·의지·건강·인성 등을 갖추고 있어야 한다.

천직에 '정치인 직업'이 전혀 없는 사람도 대선·총선·지방선거에서 대통령·국회의원·단체장·기초의원 등에 당선된 경우도 많다. 그러나 정치가 천직이 아닌 사람은 임기 중에 피나는 노력을 하지 않으면, 큰 업적을 남길 수 없게 된다. 타고난 자신의 천직과 재능은 필자와 상담을 하면 상세하게 알 수 있다.

Chapter 01

멀티형 타입

전술한 바와 같이 천직과 재능은 날 때부터 지니고 태어난다. 노력과 인위적으로 만들어지는 것이 아니다. 수많은 사람이 자신의 타고난 천직과 재능을 제대로 알지 못한 채 살아간다. 사람 중에는 무에서 유를 창조하는 '멀티형 타입'이 있다.

'멀티형 타입'에 속하는 사람은 ① 학자(관광학 교수 등) ② 미래학자 ③ 작가(문인, 화가 등) ④ 음악가(작사가, 작곡가 등) ⑤ 여행전문가 ⑥ 통역관 ⑦ 연예인(배우, 가수, 무용가 등) ⑧ 검사(검찰총장 등) ⑨ 판사 ⑩ 변호사 ⑪ 감독 ⑫ 패션디자이너 ⑬ 예술가(연극, 영화 등) ⑭ MC 등의 직업이 잘 맞는다.

타고난 재능은 우두머리 격이며 리더십이 있다(대통령 등). 추진력과 자신감이 강하다. 항상 새로운 일을 시작한다. 매사에 적극적이다. 어떤 어려움도 헤쳐 나간다. 활동적이며 잠재 능력이 많다. 뿌린 대로 거둔다. 아름답게 꾸미는 것을 좋아한다.

특히 인기가 많고 활동적이다. 강한 의지와 기발한 아이디어를 가지고 있다. 좋은 아이디어는 실행에 옮기면 좋다. 아이디어를 내어 궁리하면 돈이 들어온다. 인내심이 강하고 자기 제어를 잘한다. 다재다능하고 사교적이며 의사소통을 잘한다.

단점은 너무 앞서간다. 동업은 금물이며 일을 서두르면 안 된다. 재능을 발휘하지 않으면 발전이 없다. 남에게 보여주는 것보다 내실을 다져야 한다. 자신의 페이스를 잘 유지할 필요가 있다.

춘추전국시대의 유학자·정치사상가 맹자孟子는 '유불위有不爲'를 강조한다. 즉 '선별하여 포기할 줄 알아야 한다'라는 의미이다. 사람은 시간과 에너지에 한계가 있으니, 상대적으로 덜 중요한 일은 포기할 필요가 있다. 그래야 자신의 인생에서 가장 큰 성공을 거둘 수 있다.

Chapter 02

귀인형 타입

귀인은 '신분이나 지위가 높은 사람'을 말한다. 천직과 재능 중에 '귀인형 타입'이 있다. 이런 타입의 사람은 상대방에게 많은 도움을 주는 사람이다. 특히 중재자 역할을 잘하고, 예의와 원리원칙을 중요하게 여긴다.

'귀인형 타입'에 속하는 사람은 ① 학자(대학총장, 대학교수 등) ② 연구원 ③ 성직자(신부, 수녀, 목사, 승려 등) ④ 종교 관련 직업 ⑤ 중재자(혼담, 맞선 중재 등) ⑥ 컨설턴트 ⑦ 카운슬러 ⑧ 의사 ⑨ 작가(문인, 화가 등) ⑩ MC ⑪ 연예인(배우, 가수, 무용가 등) 등의 직업이 잘 맞는다.

타고난 재능은 가르치는 것을 잘하고 좋아한다. 인내심이 강하고 남에게 조언을 잘해준다. 친절하고 선량하다. 중재자 역할을 잘한다. 자비심이 많고 남에게 커다란 도움을 준다. 전통과 예의를 중시하는 경향이 있다. 상대방을 정신적으로 잘 이끌어준다. 삶을 바르게 살려고 한다. 가치관이 뚜렷하고 인맥이 넓다.

특히 타고난 재능 중에 명예를 얻는 기운이 있다. 즉 명예란 '대외적인 평판이나 자긍심과 같은 추상적인 가치'를 말한다. 명예가 높아지면 자신의 인지도나 명성 등이 올라가게 된다. 그러다 보면 수입도 자연스럽게 올라갈 수 있다. 자신의 명예를 존중하고 높이려면, 늘 좋은 사람을 만나 사귀고 교류해야 한다.

단점은 원칙을 중시하고 있어 소심하고 고지식하다. 자신의 주장이 강하면, 갈등이 일어날 수 있다. 조직을 위해 충성하지만, 잔소리가 많은 편이다.

속담에 '선행은 이익을 가져다준다'라는 말이 있다. 남에게 선행善行을 실천하는 것은 매우 훌륭한 일이다. 남에게 선행을 베푼 사람은 자신에게도 선행을 베풀 줄 아는 사람이다.

Chapter 03

모성애 타입

모성애maternal bond는 암컷생물이 자신의 새끼를 아끼는 마음을 말한다. 인간의 입장에서는 어머니가 자녀를 사랑하는 마음이며 내리사랑 중 하나이다.

'모성애 타입'에 속하는 사람은 ① 사업가 ② 작가(화가, 문인 등) ③ 심리학자 ④ 금속공예가 ⑤ 패션디자이너 ⑥ 레스토랑 경영 ⑦ 조리사 ⑧ 간호사 ⑨ 예술가(연극, 영화 등) ⑩ 미용사(피부관리 등) 등의 직업이 잘 맞는다.

타고난 재능은 사업이 잘돼 금전운이 좋아지는 기운이 있다. 화려하고 예쁜 것을 좋아한다. 남에게 상처를 주거나 받는 것도 싫어한다. 마음이 넓고 인정이 많은 편이다. 인맥이 넓고 남을 돌보는 것을 좋아한다.

단점으로는 도도한 면이 있다. 남에게 명령하는 듯한 말투를 조심해야 한다. 집중력이 부족하고 성격이 매우 우유부단하다. 낭비와 손실이 많이 발생할 수 있다. 상대방을 아래로 보는 경향이 있다. 약속을 자주 번복한다. 듣기 좋은 말만 골라서 경청한다. 주변 사람을 쉽게 버린다. 돈 욕심이 지나치면 반드시 재앙이 따른다.

'인생에서 목표로 삼는 것은 첫 번째는 자기가 원하는 것을 소유하는 것이고, 두 번째는 즐기는 것이다'라는 말이 있다. 만약 재물을 많이 소유하면 베풀 줄도 알아야 한다. '소유욕'이 지나치면 후회할 일이 생길 수 있다.

사람은 자기반성을 통해 스스로의 태도나 인격 등을 깨닫고 인식해야 한다. '군자는 하루에 세 번 자신을 반성하고 뉘우쳤다'라고 한다. 만약 사회적으로 좋은 사람으로 남고 싶으면, 잘못된 자신의 과거를 뒤돌아보고 깊이 성찰省察하고 반성할 필요가 있다.

Chapter 04

고집형 타입

고집형固執型은 '자기의 의견을 바꾸거나 고치지 않고, 굳게 버티는 유형'을 말한다. 즉 상대방의 의견을 수용하지 않고, 자기의 생각이나 결정을 끝까지 고수하려는 태도와 성향의 사람을 의미하기도 한다.

'고집형 타입'에 속하는 사람은 ① 정치인 ② 외교관 ③ 전문경영인 ④ 은행원 ⑤ 법조인 ⑥ 사업가 ⑦ 회사의 임원 ⑧ 군인 ⑨ 경찰 ⑩ 엔지니어 ⑪ 건축가 ⑫ 무역업 등의 직업이 잘 맞는다.

타고난 재능은 탁월한 리더십이 있다. 결정은 스스로 내리는 편이다. 경험을 중시하고 책임감이 강하다. 기반을 위한 일이라면, 희생을 마다하지 않는다. 의지가 강하고 남성적이다. 뭐든 열심히 한다. 실패해도 빠르게 일어선다. 명예를 추구하며 목적의식이 높다. 남에게 좋은 사람으로 보여주고 싶어 한다. 당당하면서 굳건하다.

단점으로는 선거에 출마할 경우 단기간에 승부를 내야 좋다. 권위적이고 자아가 강해 고집이 센 편이다. 남의 말을 경청하지 않는 경향이 있다. 사람들과의 트러블을 조심해야 한다. 남을 아래로 보거나 무시하는 경향이 있다. 고집이 강해 사업에 실패하는 사람이 많다. 남을 배려하는 마음이 부족하다.

속담에 '벼는 익을수록 고개를 숙인다'라는 말이 나온다. 흔히 쓰는 말이다. 즉 교양이 있고 수양을 쌓은 사람일수록 더욱 겸손하고, 남을 함부로 무시하거나 아래로 보지 않는다.

영국의 시인 테니슨Alfred Tennyson은 "참다운 겸손은 모든 미덕美德의 어머니이다"라고 강조한다. 남을 존중하고 자신을 낮추는 겸손을 배워라! '겸손은 성공의 최상책이다.'

Chapter 05

수동적 타입

수동적이란 '스스로 움직이지 않고, 다른 것의 영향을 받아 움직이는 것'을 말한다. 즉 스스로 결정하지 못하고, 남의 의견을 기다리는 것이 일반적인 특징이다. 지극히 보수적인 사람이다.

'수동적 타입'에 속하는 사람은 ① 학자(항공서비스학 교수 등) ② 작가(화가, 문인 등) ③ 심령학자 ④ 회계사 ⑤ 건축설계사 ⑥ 분석가 ⑦ 성직자(신부, 수녀, 목사, 승려 등) ⑧ 경리직 ⑨ 연구직 ⑩ 사서직 ⑪ 비서직 등의 직업이 잘 맞는다.

타고난 재능은 자기 절제와 자기관리를 잘한다. 통찰력과 직관력이 매우 뛰어난 사람이다. 지혜와 깊은 학식을 가지고 있다. 머리가 매우 총명하다. 이해력이 빠르고 탁월한 영적 능력이 있다.

단점은 생각이 짧아 그릇된 판단을 한다. 공상과 망상 등 숨겨진 욕망과 비밀이 많다. 문제가 생기면 핑계를 먼저 찾는다. 귀가 얇아 주변 사람의 말에 쉽게 흔들린다. 사회생활이 어려우며 독신이 많다. 주식에 투자하면 반드시 실패한다.

특히 본인이 똑똑한 사람으로 생각해 남을 무시하거나 남의 말을 잘 경청하지 않는다. 마음이 자주 바뀌며 외롭고 고독하다. 마음을 표현하지 못하고 안으로 삭힌다. 일을 추진할 때 답답한 상황에 놓일 수 있다. 융통성이 많이 부족하다. 자신을 감추는 경향이 있다. 약속을 수시로 어긴다.

로마의 철학자·정치가 세네카Lucius Annaeus Seneca는 "어떻게 사는가를 배우는 것은 매우 중요한 일이다"라고 설파한다. 성공적인 사회생활을 유지하려면, 자신의 단점을 개선하는 데 부단히 노력해야 한다. 그리고 좀 더 '융통성'을 발휘해 자신을 제어하여, 타인과의 원만하고 적절한 밸런스balance를 맞추는 방법을 배울 필요가 있다.

Chapter 06

로비형 타입

로비스트lobbyist는 '특정 압력단체의 이익을 위해 입법에 영향을 끼칠 목적으로 의회 내의 로비 및 기타 장소에서 정당이나 의원을 상대로 활동을 벌이는 교섭자 또는 운동원' 등을 말한다. 천직과 재능 중에 '로비형 타입'의 운명의 기운을 타고난 사람이 있다.

'로비형 타입'에 속하는 사람은 ① 로비스트 ② 헤어디자이너 ③ 서비스직 ④ 결혼상담사 ⑤ 카운슬러 ⑥ 네트워크 마케팅 사업가 ⑦ 모델 ⑧ 연예인(배우, 가수, 무용가 등) ⑨ 방송인 ⑩ 카메라 관련 직업 ⑪ 예술가(연극, 영화 등) 등의 직업이 잘 맞는다.

타고난 재능은 직감과 예지력이 뛰어난 사람이다. 사업은 공동투자 하면 좋다. 새로운 것을 좋아하고 흥미가 있다. 인간관계로 자신의 운세가 뻗어 나간다. 낙천주의자이며 명예욕이 높다.

단점은 미덥지 못하고 변덕스럽다. 현명하지 못한 계획을 세운다.

성격이 우유부단하다. 귀가 막혀 있어 소통에 어려움이 있다. 선악을 구별하지 못한다. 쉽게 질리며 언행일치가 잘 안 된다.

특히 지나간 일에 대해 많은 말을 한다. 대화를 나눌 때 수시로 전화를 받는 등 주위가 매우 산만하다. 정해진 시간에 정확하게 나타나지 않는다. 왕자와 공주병 등이 있다.

사람의 입은 하나이고 귀는 둘이다. 즉 '적게 말하고 듣기를 두 배로 하라'라는 뜻이다. 남의 말을 귀담아 들어주는 사람이 있는가 하면, 귀를 막고 건성으로 듣는 사람이 있다. 사람은 늘 경청하는 자세를 유지해야, 현재 맡고 있은 '직職'을 오래 유지할 수 있다.

Chapter 07

지혜형 타입

지혜는 지식을 능가하며 오로지 진리 속에만 존재한다. 지혜는 배우는 것이 아니라 선천적으로 지니고 태어난다. 사람 중에는 '지혜의 빛을 발휘하는 운명의 기운'을 지니고 태어난 사람이 있다. 바로 '지혜형 타입'의 사람이다.

'지혜형 타입'에 속하는 사람은 ① 학자(대학교수 등) ② 연구직 ③ 의사(정신과, 한의사) ④ 성직자(신부, 수녀, 목사, 승려 등) ⑤ 철학자 ⑥ 심령·심리학자 ⑦ 분석가 ⑧ 카운슬러 ⑨ 기공사 ⑩ 천문학자 등의 직업이 잘 맞는다.

타고난 재능은 선견지명과 통찰력이 있다. 머리가 좋아 기억력이 뛰어난 사람이다. 신중하고 상담을 잘한다. 초년에 고생해도 나이가 들면 성공한다. 창의적이고 신중하게 관찰한다. 유식하고 현명한 마음을 가지고 있다.

특히 선견지명이 있고 지혜의 빛을 발한다. 침착하고 빈틈이 없다.

명예가 높아진다. 자기만의 세계가 있다. 연구하고 탐구하는 것을 즐긴다. 많은 친구보다 가까운 친구로부터 복이 들어온다. 감정을 억제하고, 자기관리를 잘하는 편이다. 지혜를 발휘하면 앞으로 금전 운이 높아진다.

단점은 외로움을 잘 타고, 혼자 지내는 것을 좋아한다. 고집이 있어 사람을 잘 사귀지 못한다. 멀리 생각하는 편이고, 미래에 대한 걱정이 많다. 지나친 신중함은 일을 지연시킨다. 너무 똑똑해서 넘치는 행동을 하기도 한다. 멘토나 책사의 조언을 경청하는 것이 좋다.

이 세상에 신이 이루지 못한 것은 하나도 없다. 그래서 지혜는 신이 만든 위대한 작품이다. 행복한 생활은 덕德에 의한 생활이고, 샘물은 마시면 마실수록 힘이 더 강해진다. 영혼을 일깨우는 맑은 샘물은 영원히 마르지 않고 또다시 솟는다.

Chapter 08

돌진형 타입

마치 멧돼지나 코뿔소가 사납게 달려가거나 무언가를 쫓는 모습처럼 세차게 앞으로 막힘없이 나아가는 것을 '돌진'이라고 한다. 사람 중에 목표를 향해 거침없이 돌진하는 '돌진형 타입'의 기운을 지니고 태어난 사람이 있다.

'돌진형 타입'에 속하는 사람은 ① 정치인 ② 공무원 ③ 변호사 ④ 경제학자(경제학 교수 등) ⑤ 금융인 ⑥ 경찰 ⑦ 치과의사 ⑧ 간호사 ⑨ 파일럿 ⑩ 체육인 ⑪ 조련사 등의 직업이 잘 맞는다.

타고난 재능은 목표를 향해 용기 있게 돌진하는 형국이다. 인내심과 자신감이 강하다. 온갖 어려움을 슬기롭게 극복한다. 내면의 힘으로 스스로 자수성가 한다. 무한대의 능력으로 불가능을 가능으로 만드는 의지력이 있다.

특히 극지방에 있어도 살아 돌아올 수 있는 용기와 배짱이 있다. 인생의 모든 힘든 요소를 다 극복한다. 자존심이 강해 남에게 무시당하는 것을 싫어한다. 마음이 일보다 앞서고, 일이 마음보다 앞서기도 한다.

단점은 결정을 내릴 때는 의외로 우유부단하다. 맺고 끊음이 잘되지 않는다. 손해를 보는 행동은 안 하지만, 물질적으로 큰 금액의 손실이 있을 수 있다. 경제 관념이 있는 듯하면서도 의외로 없다. 마음이 늘 불안하다.

성격이 다소 급하고 극단적이다. 겉으론 강해 보이지만 마음이 여리다. 자기주장이 강하며 집착하는 경향이 있다. 수시로 멘토나 책사의 조언을 받아야 손해가 없다.

맹자孟子는 "심성心性을 수행하려면, 맘을 비우고 욕심을 줄여야 한다"라고 설파한다. 즉 '물질의 유혹에 넘어가지 말고 행동을 절제해야 한다.' 욕심이 지나치면 재앙의 원인이 될 수 있다.

Chapter 09

직진형 타입

승리는 가장 끈기 있고 용감한 사람에게 돌아간다. 이처럼 위험을 무릅쓰고 용감하게 앞으로 나아가는 '직진형 타입'도 선천적으로 지니고 태어난다.

'직진형 타입'에 속하는 사람은 ① 군인 ② 경찰 ③ 공무원 ④ 유통업 ⑤ 엔터테인먼트 CEO ⑥ 여행가이드 ⑦ 기자 ⑧ 무술인 ⑨ 연예인(배우, 가수, 무용가 등) ⑩ 프리랜서 ⑪ 아나운서 등의 직업이 잘 맞는다.

타고난 재능은 힘과 결단력이 있다. 위험을 무릅쓰고라도 직진함으로써 승리를 쟁취한다. 역경과 고난을 극복한다. 무모하지만 뜻을 이룬다. 밀어붙이면 승리한다. 진취적·역동적이다. 자립심이 강하고 안 되는 것도 밀어붙이는 행동파이다.

단점은 자기주장이 너무 강하다. 손안에 쥐고 있던 것을 마지막에 놓치게 된다. 말실수를 많이 한다. 금전 관리와 감정을 절제하는 능력이 부족하다. 마음이 너무 성급하다. 앞만 보고 달려 일을 그르친다. 주변을 살피는 능력이 부족하다. 운전대를 잡으면 마음이 성급해진다.

특히 소유욕이 강해 집착이 생길 수 있다. 본인이 직접 겪어봐야 믿는다. 자기주장이 옳다고 주장하다가 결국에는 낭패를 본다. 한곳에 오랫동안 머무르지 못한다(역마). 생각이 극단적이다. 고집이 세면 좋은 인연도 멀어진다.

사기열전에史記列傳에 "고귀한 사람이 남과 인연을 맺는 것은 어려울 때를 대비해서이고, 부유한 사람이 남과 인연을 맺는 것은 가난할 때를 대비해서이다"라는 말이 나온다.

인맥은 곧 금맥이다. 많은 사람과 인연을 맺는 것은 미래의 큰 자산이 된다. 좋은 인연은 또 다른 좋은 인연을 낳는다.

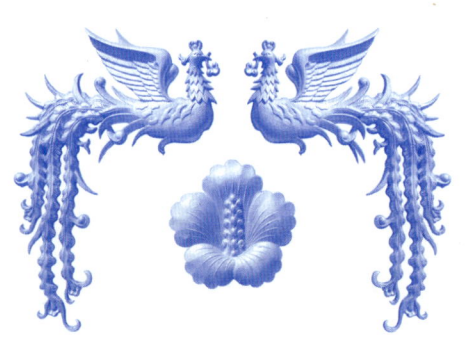

3
멘토의 힘

지혜로운 멘토

충신을 외면하고 혜안이 없는 간신을 가까이하면, 국민이 대통령[왕]을 불신하게 된다. 그래서 대통령[왕]은 지혜로운 멘토·책사를 곁에 두고, 그의 간언諫言을 진지하게 경청해야 한다. 간언을 마음속 깊이 간직하면, 그 속에서 지혜가 샘솟을 것이다.

시대나 국가마다 난세亂世 때는 '명석한 두뇌와 전략적 사고를 가진 지략가' 즉 멘토·책사가 필요하다. 지혜로운 멘토·책사를 얻는 것도 대통령[왕]의 복이고, 유능한 대통령[왕]을 만나는 것도 멘토·책사의 복이다. 그러나 멘토·책사에게 문제가 있다면, 그 국가와 집단은 성장하지 못한다.

국가든 집단이든 조직을 성공적으로 이끌어 가려면, 지혜로운 멘토·책사가 곁에 있어야 한다. 전술한 바와 같이 사람은 누구나 장점 30%, 단점 70% 정도의 비율로 출생한다. 따라서 자신에게 부족한 단점은 반드시 멘토·책사에게 가르침을 받아야 국가나 집단을 성공적으로 경영할 수 있다.

　대통령[왕]이 자신의 직무수행 역량을 실제보다 작게 생각하는 것도 문제지만, 그렇다고 자신을 커다란 존재로 생각하고 자만하는 것은 더 큰 문제가 된다. 국가나 집단을 성공적으로 경영하려면, 유능한 인재를 발탁해서 적재적소適材適所에 배치해야 한다.

　유능한 대통령[왕]과 지혜로운 멘토·책사와 서로 좋은 인연을 맺는 것도 '하늘의 뜻'이고, '자연의 섭리'이다. 즉 군신君臣 간의 서로 호흡이 잘 맞아야 군주와 만백성이 대대손손 '태평성대太平聖代'를 누릴 수 있다.

　과거 중국을 빛낸 대표적인 황제와 멘토·책사는 ① 유비와 제갈량 ② 환공과 관중 ③ 서백과 강태공 ④ 합려와 손무 ⑤ 조비와 조조 등을 들 수 있고, 우리나라를 빛낸 대표적인 왕과 멘토·책사는 ① 왕건과 최응 ② 성종과 최승로 ③ 이성계와 무학대사 ④ 세종과 황희 등이다. 그러나 최악의 대통령과 멘토는 ⑤ 윤석열과 천공을 꼽을 수 있다.

　따라서 국가마다 국정이 성공적으로 잘 유지될 수 있었던 것은 옆에서 대통령[왕]을 바르게 보필하고 도운 당대 최고의 멘토·책사 등이 있었기 때문이다. 멘토·책사가 대통령[왕]을 바르게 보필하면, 그 국가는 날로 부흥復興하게 된다. 그러나 대통령[왕]의 성총聖聰을 흐리게 하면, 국가는 곧 망국亡國의 길로 가게 될 것이다.

Chapter 01

유비와 제갈량

유비(劉備 : 재위 221-223)는 중국 후한 말과 삼국시대의 군벌(軍閥 : 군부를 중심으로 한 정치 세력)로서, 촉한蜀漢의 창업 군주이자 초대 황제이다. 그는 학문보다는 호걸들과 교류하는 것을 좋아했으며, 관우·장비와 의형제를 맺기도 했다.

한편, 유비는 위나라를 세운 조조曹操에게 패한 뒤, 형주의 유표(劉豹 : 촉한의 대신)에게 몸을 의탁하면서, 촉한을 강하게 부흥시킬 인재를 물색하고 있었던 중이다.

유비는 자신의 세력이 미약하고, 사정이 매우 다급했던 이유로 207년(건안 12)에 지혜와 재능이 뛰어난 '제갈량'을 만나기 위해 직접 찾아나선다.

제갈량(諸葛亮 : 181-234)은 중국 역사에 나오는 왕의 멘토·책사 중 가장 많이 알려진 인물이다. 그는 삼국시대 촉한의 걸출한 정치가이자 탁월한 병법가이다. 그의 자는 공명孔明으로 흔히 '제갈공명'이라고도 불린다.

제갈량은 형주의 양양 근처 융중산隆中山 자락의 작은 초가草家에 은거하며, 독서와 농사를 지으면서 지낸다. 때마침 유비는 제갈량의 초가를 세 번이나 방문하는데, 첫 번째와 두 번째는 만나지 못하고, 세 번째 가서야 겨우 그를 만나게 된다.

그래서 '삼고초려三顧草廬'라는 말은 유비가 제갈량의 초가집을 세 번 찾아가 군사君師로 맞이했다는 일화에서 나온 말이다. 즉 진심으로 예를 갖추어, '유능한 인재를 맞아들이기 위하여 참을성 있게 노력하는 것'을 비유할 때 많이 쓰인다.

군사를 지휘하고 통솔하는 데 있어서 신의를 근본으로 삼았던 제갈량은 촉한을 건립한 유비劉備 황제의 책사로 활약한다. 그는 유비가 촉한의 황제가 되자, 그 공을 인정받아 승상(丞相 : 천자를 보필하는 최고의 관직)의 자리에 오른다.

그는 모든 판단과 행동을 백성의 입장에 서서 생각하고 스스로 모범을 보인다. 또 관청의 기구를 합리화하여 현실적인 정치를 명확히 내세워 공평하게 실행할 뿐 포퓰리즘populism을 위한 정책은 아예 세우지도 않는다.

제갈량은 공사公私를 엄격하게 구별한 사람이다. 그는 신분이 아무리

미천해도 공적이 있으면 큰 상을 내린다. 그러나 막강한 권력과 세력을 가진 인물이라 할지라도 국격國格을 실추시키거나 나쁜 짓을 하면, 반드시 엄하게 벌을 내린다.

  전술한 바와 같이 자고로 대통령[왕]이 거룩하고 고결하면, 지혜로운 멘토·책사는 반드시 복을 받는다. 또 대통령[왕]이 총명하여 사리에 밝고 멘토·책사가 꿋꿋하고 곧으면, 그것은 나라의 경사이자 큰 복이 된다.

Chapter 02

환공과 관중

환공(桓公 : 재위 BC 685~643)은 중국 춘추시대 제나라의 황제이다. 성은 강이며 이름은 소백이다. 그는 정국이 혼란할 때 화를 면하기 위해 거(莒 : 지금의 산둥성 쥐현)로 피신했다가, 송나라의 양공襄公이 피살된 후 돌아와 정권을 잡는다.

환공은 관중管仲을 책사로 등용하여 개혁을 진행하고, 국력·군사력·문화 향상에 크게 성공하고, 연나라를 도와 산융을 정벌한다. 그는 또 형(지금의 싱타이)과 위(지금의 치현)의 두 나라를 도와 오랑캐의 중원 침략을 지혜롭게 막는다.

그리고 중원의 제후들과 함께 연합하여 초나라를 공격하고, 소릉에서 맹약盟約을 체결한다. 또 동주 왕실의 내란을 안정시키는 등 제후들 간 여러 차례의 동맹을 체결하여, 맹주로서의 위신을 세워 춘추시대의 첫 번째 패왕霸王이 된다.

관중(管仲 : 기원전 725-645)은 춘추시대 제나라의 재상이며 정치가이다. 본명은 관이오管夷吾 자는 중仲이다. 즉 자를 따서 '관중'이라 부른다. 그는 제나라의 군주 환공(桓公)을 도와 그를 춘추오패春秋五覇 최초의 패자覇者로 만든 사람이다. 제갈량과 함께 중국의 2대 재상으로 불린다.

여기서 패자란 '패권주의적 국제관계에서 그 패권을 쥔 자'를 말한다. 즉 중국의 춘추시대에 동주 왕조 하의 제후 중에서 패권을 잡은 자를 일컬으며, 이들을 '춘추오패'라고 한다.

관중의 저서 중『관자管子』는 전국시대 제나라에 모인 사상가들의 주장을 모아 기록한 책이다. 그리고 관중의 정치·경제·의례 등에 관한 국정운영의 원칙과 도가·명가·법가 등의 사상과 천문·지리·경제·농업 등의 지식을 담고 있다.

또 관중은 그의 저서『관자』에서 "예의와 염치가 없으면 그 나라는 망한다. 한번 명령을 내리면, 마치 물이 낮은 곳으로 흐르듯 민심이 따르게 해야 한다"라고 역설한다.

관중은 제나라를 강성한 국가로 만든다. 그는 "창고가 가득 차야 예절을 안다"라고 주장한다. 그의 철학처럼 물질적 풍요가 사회의 안정과 도덕적 삶의 기반이 된다. 즉 농민에게는 무세無稅 정책을 실시하고, 그리고 제나라의 풍부한 자원과 해산물·소금으로 경제를 튼튼하게 발전시킨다.

　또 농업을 바탕으로 수공업·상업이 균형을 이루도록 장려한다. 그리고 국가 재정은 무역에서 나오는 이익을 통해 충당한다. 이로써 제나라는 농업 국가에서 탈피해 다시 강성한 국가로 번영하게 된다. 관중은 '황제의 책사'로서 황제를 지극정성으로 보필하면서, 제나라의 국력을 더욱 강하게 신장시킨다.

Chapter 03

서백과 강태공

주나라 건국의 기초를 세운 문왕(BC 1111~256/255)의 이름은 희창姬昌이다. 또 서백西伯이라는 지위를 붙여 '서백창西伯昌'이라고도 한다. 그리고 문왕의 뒤를 이은 둘째 아들 무왕武王의 이름은 희발姬發이다.

한편, 상나라 주왕紂王의 폭정으로 세상이 어지러워질 무렵, 중국 서부 구경에 위치한 지방행정 구역의 통치자 서백西伯은 백성을 어질게 다스린다. 그는 매우 용감하고 지혜로운 통치자이다. 적을 제압해 백성의 안위를 편안하게 해주었는데, 그러다 보니 민심은 자연스럽게 서백에게 쏠린다.

어느 날 밤, 서백은 매우 뜻있는 꿈을 꾼다. 꿈속에 '곰 한 마리가 동남쪽에서 나타나 서백 앞에 다가와 앉더니, 잠시 후에 문무백관이 들어와 배례拜禮를 한다.' 잠에서 깬 서백은 모사 의생宜生을 불러 꿈 애기를 들려준다.

꿈풀이를 들은 서백은 모사 의생과 함께 말을 타고 동남쪽으로 사냥 겸 현인賢人을 찾아 나선다. 위수 근처로 사냥을 나가면, 현인을 만났을 수 있을 것이라는 자신의 꿈과 점괘를 믿고, 위수로 가서 우여곡절 끝에 '강태공姜太公'을 만난다.

서백은 강태공과 천하의 정세政勢에 대해 대화를 나누다가, 강태공의 식견과 학식에 크게 감탄한다. 서백은 강태공을 등용하여 주나라의 기틀을 마련한다.

이윽고 문왕[서백]은 강태공에게 '태공망太公望'이라는 특별 칭호를 내리고, 내정 전체를 통솔하게 한다. 결국, 문왕文王은 유교 역사가들이 칭송하는 성군 가운데 한 사람으로 꼽히게 된다.

강태공姜太公은 중국 주나라 초기의 정치가이며 천문 · 지리 · 병법 · 주역 · 관상학 등 각종 학문에 도통한 희대의 천재이다. 그의 성은 강姜, 이름은 여상呂尙, 호는 비웅飛熊이다. 일설에 의하면 강태공은 기원전 1211년(은나라 경정(庚丁) 8년)에 출생해서, 기원전 1072년(주강왕 6년)까지 139~160세를 살았다는 설이 있다.

강태공은 일찍이 부모의 목숨을 앗아간 상나라의 주왕紂王에게 복수를 하기 위해 오랜 세월 동안 때를 기다려 왔다. 이윽고 강태공은 문왕[서백]의 멘토 · 책사가 되어 주나라의 기초를 세우는 데 큰 공을 세워 재상의 자리에 오른다.

강태공은 문왕文王에 이어 다시 무왕[희발](武王 : ?-기원전 1043)을 도와 상나라를 멸망시킨다. 주나라를 건립하는 데 일등공신이 된 강태공은 동쪽 바닷가 땅을 하사받아 제나라의 제후로 봉해진다.

 세상에 나아가 큰일을 도모하면서, 자신의 포부를 마음껏 펼칠 수 있게 된 80세의 어옹漁翁 강태공, 그는 세월을 잊은 채 황제의 멘토·책사로 자신의 소임을 다하면서, 주나라가 천하를 제패하는 데 큰 공을 세운다.

Chapter 04

합려와 손무

손무孫武는 오나라의 재상 오자서伍子胥를 알게 되고, 그 후 오나라의 수도 근처의 산간에 칩거하면서 '손자병법 13편'을 저술한다. 그러다가 기원전 515년에 오자서의 추천으로 오나라 왕 '합려闔閭'의 부름을 받는다.

손무의 저서 『손자병법孫子兵法』을 읽어 본 오나라 왕 합려는 손무의 뛰어난 용병술을 인정하고, 그를 장군으로 삼는다. 오나라의 장군이 된 손무는 왕 합려가 총애하는 궁녀 180명을 포함해 군대를 강하게 훈련시킨다.

기원전 506년 합려는 춘추시대 최고의 명장 손무와 영웅 오자서를 대장으로 삼아 초나라를 침략한다. 손무의 전략에 따라 오나라 군은 초나라의 수도 영郢을 차지하고, 북쪽의 제나라와 진나라를 위협해 만천하에 이름을 떨친다.

그러나 기원전 496년 왕 합려는 손무의 반대에도 불구하고, 월나라를 공격하다 패배한다. 왕 합려가 부상으로 사망하자, 합려의 후계자인 부차(夫差 : 재위 BC 496-473)를 권좌에 앉히고, 국력을 신장시킨 뒤에 월나라를 공격해 크게 승리한다.

전쟁이나 국가를 성공적으로 경영하는 것도 때가 있는 법이다. 오나라의 왕 합려閤麗는 손무의 간언을 경청하지 않고, 함부로 전쟁을 일으켰다가 사망하게 된다. 이 세상에서 정치나 전쟁 등에서 백전백승百戰百勝은 존재하지 않는다. 승리할 때도 있고, 때론 패할 때도 있다. 그래서 멘토나 책사의 간언을 무시하면 큰 재앙을 맞을 수 있다.

손무(孫武 : 545-470)는 제나라 출신으로 중국 춘추시대 최고의 명장이자 병법가이다. 자는 장경長卿이며 손자孫子는 경칭이다. 그는 '어린 시절부터 이인異人에게 비법을 전수받아 위로는 호풍환우(呼風喚雨 : 요술로 바람을 불게하고 비를 내리게 함)의 재주를 갖추었고, 아래로는 귀신도 굴복시킬 정도의 신통력을 가진 인물이다'라고 전해지고 있다.

그는 병법을 연구하기 위해 이름난 고전장古戰場을 직접 답사하면서, 여러 해 동안 현지답사를 통해 전술과 전법을 연구하고 기록한다. 손무에 대한 기록은 중국의 상고시대(上古時代 : 기원전 2196년 이전)부터 한무제(漢武帝 : 기원전 141~87년)까지 3천 년의 역사와 인물을 기록한 사마천司馬遷의 『사기史記』 등에 남아 있다.

손무는 논공행상에 있어서도 함부로 상을 남발하지 않는다. "적진에서 상금이나 상장을 함부로 남발하고 있다면, 그것은 적의 지도자가 막다른 길로 들어서고 있다는 증거로 생각해도 좋다"라고 강조한다.

손무의 손자 손빈孫臏은 할아버지가 기본적인 틀을 잡고 집필한 『손자병법』에 새로운 연구를 추가하여, 마침내 명저를 남기게 된다. 즉 손무와 손빈이 고전장을 직접 답사하고, 수많은 전쟁 경험을 통해 집필한 『손자병법』은 '춘추 말기의 군사 학설 및 전쟁 경험을 묶은 책'이다.

당시 공자孔子는 『손자병법』을 몇 차례 되풀이해 읽어 보면서 "자공아, 나는 이 책을 천박한 병서兵書인 줄로만 알고 있었는데, 정작 읽어 보니 천하의 명저로구나"라고 하면서 칭찬을 아끼지 않았다고 한다.

Chapter 05

조비와 조조

위나라의 초대 황제는 조조의 아들 조비(曹丕 : 재위 220-226)이다. 그러나 실질적으로 위나라 건국의 기틀을 마련한 사람은 '조조'이다. 조조(曹操 : 155~220)는 중국 후한 말기의 정치가 · 병법가로 중국대륙의 대권을 장악하고 위나라를 건립한다.

그는 병법과 임기응변에 능해 '난세의 간웅奸雄', '치세의 능신能臣'으로 불렸고, 아들 조비曹丕가 황제에 오르면서 위나라 태조 무황제武皇帝로 추존된다. 또 조조는 흡사 카멜레온 같이 변화무쌍한 인물이다. 탁월한 국가경영 능력을 가진 그는 인의仁義 보다는 자신의 실리를 추구하는 데 뛰어난 지극히 현실적인 정치인이다.

또 그는 일국의 지도자로서 정치가 · 병법가 이외에도 건강 전문가 · 서예가 · 음악가 · 시인의 얼굴을 가졌는데, 그는 아들 조비曹丕, 조식曹植과 함께 당시의 시단詩壇을 대표하는 존재였다. 그는 또 예술 · 문화적 정서도 함께 지닌 뛰어난 인물이다.

특히 조조는 검약가儉約家로도 널리 알려진 인물이다. '후궁들에게 수 놓은 옷을 입히지 않고, 시종들의 신발도 단색으로 착용시키고, 병풍이 찢어지면 수선을 해서 사용케 하고, 침구의 둘레 장식도 하지 않았다'라고 한다.

조조는 '상을 수여해야 할 경우는 천금도 아끼지 않고 내리지만, 이렇다 할 공적도 없는데 상을 받기를 원하는 사람에겐 단 한 푼도 주지 않았다'라고 한다. 사실 그는 어떤 상황에서도 자신의 능력과 역량을 모두 발휘하는 전천후형, 즉 멀티타입multi type의 사람이다. 게다가 사람됨이 매우 준엄하고 강직하면서 냉정하다.

조조는 황건적의 난을 진압할 때 두각을 나타냈는데, 벼슬을 역임하면서 관동關東의 주군州郡과 더불어 동탁을 토벌한다. 그는 또 황제와 제후들을 호령하며 정치적으로 자신의 입지를 굳힌다.

한편, 조조는 상서(尙書 : 공자가 요순 때부터 주나라 때까지의 정사에 관한 문서를 모아 지은 책)를 인용해, 나라에 도움이 되는 것을 상세하게 적어 황제 조비에게 글을 올린다. 이에 황제는 그를 태자의 사인舍人, 문대부門大夫 등으로 삼는다. 특히 조조는 뛰어난 말솜씨로 태자의 총애를 받았으며, 태자는 조조를 가리켜 '지혜의 주머니'라고 부르곤 했다.

오히려 조조는 도량이 넓고 그릇이 커 특별히 선악을 구별하지 않고,

그대로 받아들일 정도로 대범한 성격을 지닌 『삼국지三國志』의 등장인물 중에 특별한 매력을 지닌 인물이다.

특히 조조는 다양한 분야에서 왕성하게 활동한 지도자로서, 둔전법屯田法의 시행과 수리사업을 일으키는 등 나라의 경제를 안정적으로 경영해 나간다. 그리고 주변의 할거 세력을 모두 평정해 중국 북부를 통일하면서, 아들 조비 황제의 멘토·책사로 자신의 능력과 위상을 만천하에 떨친다.

Chapter 06

왕건과 최응

고려를 건국한 왕건(王建 : 재위 918-943)은 877년(신라 헌강왕 3년)에 송악(松嶽 : 지금의 개성)에서 출생한다. 아버지는 왕융王隆, 어머니는 위숙왕후이다. 그는 궁예(弓裔 : 국호를 '고려'라 정하고 스스로 왕위에 오름)의 밑에서 조금씩 자신의 세력을 키운다.

한편, 최우달의 아들인 최응(崔凝 : 898-932)은 어느새 신동神童으로 소문난다. 궁예는 겨우 열 살에 불과한 어린아이가 유교 경전과 문장에도 통달했다는 소문을 접한 뒤, 아이를 불러놓고 직접 시험을 해본다.

"음, 이른바 성인을 얻는다 함은 바로 이 아이를 두고 하는 말이 아닌가?"

궁예는 최우달의 아들 최응을 자신의 '책사'로 기용한다. 그는 최응에게 외교문서와 각종 조서를 작성하는 한림랑翰林郎의 벼슬을 내린다. 최응은 궁예를 보필하면서, 조정의 앞날을 훤히 꿰뚫어 본다.

그러나 미륵불을 자칭한 궁예의 사람 잡는 관심법觀心法의 등장으로 백성이 참혹하게 죽어 나가자, 최응은 궁예를 어쩔 수 없이 배반한다. 그리고 절박한 지경에 처한 왕건王建에게 큰 도움을 준다.

왕건은 큰 군사적 마찰 없이 하룻밤 사이에 권력을 손에 쥔다. 그러나 왕건은 난국을 슬기롭게 극복해 나갈 대안을 제시해 줄 수 있는 재능이 뛰어난 책사를 물색한다.

그러던 어느 날, 고려 제1대 임금 왕건의 부름을 받은 최응은 20세의 나이로 지원봉성사知元奉省事가 되었다가, 다시 광평낭중廣評郎中·내봉경內奉卿 등의 벼슬을 역임하며 왕건의 총애를 한 몸에 받는다.

왕건은 최응에게 "경은 학문과 식견이 높은 데 다 정치를 알고, 나라를 위하여 충성을 다하니 과거의 이름난 관리도 이보다 더할 수는 없을 것이오"라고 하면서 칭찬을 아끼지 않는다.

최응이 광평낭중에 오른 지 1년이 채 안 되었을 때, 왕건은 다시 차관급인 광평시랑廣評侍郎의 벼슬을 내린다. 하지만 최응은 정중하게 예의를 갖춰 벼슬을 사양하며 다른 사람을 추천한다.

고려의 문신 겸 고려 태조 왕건의 책사인 최응은 겸손하고 상황을 판단하는 능력이 뛰어난 인물이다. 그는 권력에 쉽게 물들지 않은 보기 드문 인재로서, 언제나 언행이 일치하는 등 어엿한 성품에 사람을 꿰뚫어 보는 혜안을 가진 사람이다.

Chapter 07

성종과 최승로

성종(成宗 : 재위 981-997)은 고려 제6대 임금이며, 묘호는 성종, 시호는 문의대왕文懿大王이다. 그는 경종景宗 임금의 선양으로 즉위한다. 그는 중앙 관제와 지방 제도를 정비하고, 새로운 사회를 이끌기 위한 정치 이념으로 유교를 받아들인다. 그러나 997년(성종 16) 병이 위독해지자 조카 왕송(이후의 목종)에게 왕위를 물려준다.

한편, 우리나라 최초의 정치평론가 최승로(崔丞魯 : 927-989)는 고려 초기의 문인이자 재상이다. 927년 경주에서 출생한 그는 일찍이 신동으로 알려져 12세에 고려 태조 왕건王建에게 불려가 『논어』를 읽어 자신의 재능을 인정받은 바 있다.

그는 외국으로 유학을 가지 않고, 국내에서 공부해 가장 높은 학문과 성취를 이룬 당시 몇 안 되는 저명한 학자이다. 그는 장차 "나라를 위해 큰일을 해야겠다"라는 원대한 포부를 꿈꾸며 학문에 매진해 온 것이다.

그 후 최승로는 고려사에 한 획을 긋는 「시무 28조」를 탄생시키는데, 982년 6월 성종 임금이 친히 개봉할 수 있도록 별도로 밀봉密封해서 상소문을 올린다. 성종은 즉시 최승로를 등용해 그의 「시무 28조」를 받아들인다. 982년 최승로는 자신이 능력을 인정해 준 성종을 만나 조정의 관료가 된다.

「시무 28조」는 나라의 당면 과제에 대한 자신의 견해를 서술한 정책서·상소문이다. 즉 다섯 임금(태조·혜종·정종·광종·경종)의 치적 평가와 불교의 폐단, 새로운 국왕이 추진해야 할 당면 현안 등 파격적인 내용을 담고 있다. 그 밖에 자신의 견해와 정책도 건의함으로써, '고려 정치체제의 기초를 세웠다'라는 평가를 받고 있다.

특히 최승로는 '최초로 선대왕들에 대한 객관적인 정치평론을 시도한다.' 그의 평론은 다섯 임금의 정치적 취약점에 대한 지적과 개개인의 장단점을 분석함으로써, 이상적인 군주상을 제시하고 있다. 또 국토방위의 중요성과 민생문제, 대외관계, 사회문제 등에 이르기까지 구체적으로 서술하고 있다.

또 비대해진 궁궐 노비를 감축하는 문제, 중국과의 무역 문제, 불필요한 재정을 낭비하는 문제, 금·은·동·철로 만든 불상 제작 문제, 지방정책과 효율적인 국가 관리에 대한 내용, 정치·경제·사회·국방·행정·문화 등의 문제, 사회 기강 문제 등 국가 운영 전반에 걸쳐 구체적인 대안을 제시하고 있다.

오랜 세월 그늘에 가려진 최승로와 같은 유능한 인재를 발굴한 어진 성종 임금의 탁월한 혜안과 정치적 감각이 있었기에 백성은 편안하였고, 나라는 태평성대를 누릴 수 있었던 것이다.

Chapter 08

이성계와 무학대사

고려 말, 이성계(李成桂 : 1335~1408) 장군은 날로 부패해 가는 고려왕조를 탄식하며 명산대찰名山大刹을 찾아 나선다. 그러던 어느 날 밤, 참으로 묘한 꿈을 꾼다.

"거참 이상하구나. 알 수 없는 꿈을 연달아 꾸다니…."

이성계는 수소문 끝에 설봉산의 조그만 토굴에 기거하는 스님을 찾아 나선다. 토굴에 당도해 스님께 삼배三拜를 올린 후에 꿈 얘기를 들려준다.

"그 꿈은 아주 길몽입니다."
"음…."
"장차 귀한 인물이 되어 축하를 받는다는 의미입니다."

얼굴이 발그스름하게 상기된 이성계는 계속해서 지난밤 꿈 얘기를 이어간다.

"금강산金剛山 어느 절에서 잠을 자는데, 갑자기 불이 나서 불탄 집에서 서까래 세 개를 등에 지고 나왔습니다…."

그러자 스님은 이성계 앞에 무릎을 꿇고 앉으며, 은밀한 목소리로 말을 이어간다.

"장차 임금이 되실 꿈입니다."
"네! 그 꿈이 어찌하여 임금이 된다는 겁니까?"
"서까래 세 개를 등에다 지고 나왔으니, 그 형국이 '임금 왕王자'가 아니겠습니까?"
"음…."
"참으로 그런 꿈을 꾸셨다면 함부로 발설하면 안 됩니다."

스님께 스승의 예를 올린 이성계는, 기도를 올리는 간절한 마음으로 안변 땅에 '석왕사'를 세운다. 그리고 오백나한(석가여래가 입적한 후 그의 가르침을 결집하기 위해 모인 오백 명의 아라한阿羅漢)을 모시기 위해 석왕사 경내에 '응진전'을 건립한 뒤, 1천일 동안 지극정성으로 기도를 올린다. 그리고 마침내 '하늘의 뜻'으로 새 역사의 장을 열게 된다.

조선 제1대 임금 태조 이성계(재위 : 1392~1398)는 무학대사를 비롯한 정도전·이지란·조준·남은·배극렴·김사형·이방원(태종 : 훗날 조선 제3대 임금에 오름) 등 당대 걸출한 인재들의 도움을 받아 새로운 나라를 건국한다.

이성계는 보위寶位에 오르자 제일 먼저 무학대사(無學大師 : 1327~1405)를 찾아, 그를 '조선 최초의 왕사王師'로 임명한다. 조선왕조의 유일한 멘토인 무학대사 속가俗家의 성은 박朴가 이고, 그리고 법명은 자초自超이다.

이성계의 예지몽豫知夢과 무학대사와의 운명적인 인연으로 조선왕조 5백 년의 기틀이 마련된다. 그래서 운명에는 '우연이란 없고 필연만 있을 뿐이다'라고 한다.

Chapter 09

세종과 황희

보위는 하늘의 뜻으로 이어진다. 1418년(태종 18) 6월에 태종은 '백성을 다스릴 만한 성품과 리더십을 갖춘' 셋째 충녕대군(忠寧大君 : 22세)을 세자로 책봉하고, 8월에 충녕대군에게 선위(禪位 : 왕이 살아서 임금의 자리를 물려줌)를 한다. 충녕대군의 이름은 이도李祹이다.

조선의 제4대 임금 세종(世宗 : 재위 1418~1450)은 어려서부터 책벌레로 알려져 있다. 한 번 읽은 것은 절대 잊지 않을 정도로 머리가 매우 영리했다. 세종은 마음이 어질고 지혜를 겸비한 데다 성품 또한 온아하고 인자하다.

그는 '의사결정을 할 때는 과감하게 결단을 내리고, 배우기를 좋아해 언제나 손에서 책이 떠나지 않았다'라고 한다. 그리고 『논어論語』, 『맹자孟子』, 『대학大學』, 『중용中庸』, 『주역周易』 등 책을 홀로 읽을 정도로 학문 실력이 매우 뛰어난 성군이다. 특히 세종은 유교문화를 융성하게 발전시키고, 훈민정음을 창제하여 백성들이 쉽게 쓰고 읽을 수 있도록 한다.

그는 또 무슨 책이든 백 번을 읽고 나서야 다른 책을 읽는 등 독서 습관이 특이하고, 남다른 것으로 알려져 있다. 부왕인 태종이 건강을 염려해 책 읽기를 금할 정도로, 그만큼 학구열이 매우 높았다고 한다.

평소 성실함이 몸에 밴 세종은 처음과 끝이 한결같은 임금이다. 매일 아침 5시에 일어나 옷을 입고, 날이 밝으면 조회를 받는다. 조회가 끝나면 신하들과 정책토론을 한다. 그는 재위 32년 동안 권좌를 유지하면서 정사를 잘 돌보고, 친화력으로 신하들을 예로써 대하고, 간언하는 말을 어김없이 경청하고, 이웃 나라를 믿음으로 교류한다.

세종은 조선왕조 5백 년 역사상 가장 뛰어난 재상인 황희(黃喜 : 1363~1452)를 영입해 의정부참찬議政府參贊으로 임명한다. 황희는 조선 전기 우의정·좌의정·영의정부사 등을 역임한 유능한 문신이다.

그는 고려가 멸망하자 은거하다가 태조의 적극적인 출사 요청에 응하여 관료가 된다. 그 후 태종과 세종 재위기까지 관직에 종사하며 국방 강화, 예법 정비, 농업 진흥, 애민愛民 정책, 집현전을 중심으로 한 문물 진흥의 지휘와 감독을 한다.

황희는 세종 때 18년 동안 영의정 자리에 있으면서 국정을 총괄하면서 세종대왕을 보필한다. 그는 조선왕조 전체를 통틀어 가장 명망 있는 재상으로 칭송받는다. 후세의 사람들은 "세종 같은 임금에 황희 같은 정승이 있었기에 조선에 태평성대가 있었다"며 가장 훌륭한 파트너십을 이루었던 세종대왕과 황희 정승을 높이 평가하고 있다.

황희 정승은 '만백성의 친구이자 어버이 같은 존재이다. 그러나 백성을 위한 일이라면 자신을 한없이 낮출 줄 알고, 불의를 보면 상대가 누구든 참지 않았다'라고 한다. 특히 '황희 정승은 자신을 내친 국왕을 한 번도 원망한 적도 없고, 그가 섬겼던 국왕들 또한 그의 충정만큼은 높이 샀다'라고 한다.

세종대왕은 신분에 얽매이지 않고, 능력 있는 인재를 과감하게 발탁해 적재적소에 직무를 부여한다. 우리 민족이 황금시대를 열 수 있게 된 것도, 세종대왕의 용기 있는 행동과 인재를 널리 등용시킨 통 큰 지도력 덕분이다.

Chapter 10

윤석열과 천공

윤석열(尹錫悅,1960년 12월 18일~)의 본관은 파평이며 서울에서 출생한다. 서울대 법대를 나와 사법연수원 23기를 수료하고, 1994년 검사로 임용되어 27년 동안 근무한다.

2016년 박근혜·최순실 게이트 특검 수사팀장을 맡는다. 2017년 박근혜기 피면되고, 19대 문재인 정부에서 59대 서울중앙지방검찰청 검사장을 지낸다. 2019년에는 43대 검찰총장으로 임명된다.

그는 2021년 6월 대통령 선거 출마를 선언하고, 7월에 국민의힘에 입당한다. 사실상 정치 브로커 명태균의 '여론조작'으로 국민의힘 대선 후보로 선출된 그는, 2022년 3월 20대 대통령 선거에 출마해 당선된다.

그러나 윤 대통령 본인의 무능 외교와 잦은 호화 해외 순방, 채상병·김건희 특검법 거부 등과 배우지의 학력·경력조자 이혹, 논문표

절 의혹, 도이치모터스 주가 조작 의혹, 불법 선거 개입 의혹, 양평고속도로 노선변경 의혹 등 역사적으로도 그 유례를 찾아보기 어려울 정도의 각종 게이트가 끊임없이 일어나 국정이 마비될 지경에 이르게 된다.

막다른 골목에 다다른 그는, 2024년 12월 3일 22시 23분경 "종북과 반국가세력을 척결하고 자유 대한민국을 수호하겠다"라는 터무니없는 명분을 내세워 '비상계엄'을 선포한다. 그 후, 윤 대통령은 '내란 수괴' 등의 혐의로 관저에서 체포된다.

현직 대통령이 '내란죄' 혐의를 받은 피의자 신분으로 체포·구속된 것은 헌정사상 처음 있는 일이다. 그는 구속된 지 51일 만에 다시 석방되지만, 2025년 4월 4일 11시 22분에 헌법재판소가 윤 대통령에 대한 탄핵소추안을 만장일치(8:0)로 인용한다.

'천공'이라는 사람은 2021년 10월 국민의힘 대선 경선 토론회에서, 같은 정당 소속 유승민 후보가 "천공 스승을 알고 있습니까"라는 질문에 윤석열 후보는 "뵌 적이 있습니다"라고 답변하는 과정에서 처음으로 세상에 알려진다.

당시 윤석열 예비후보는 자신의 손바닥에 '왕王'자를 써서 의도적으로 카메라 앞에 펼쳐 보이자, 그때부터 무속巫俗 관련 논란이 가속화된다. 그리고 정치권 입문과 대통령실 용산 이전 과정에서도 천공과 무속인 등이 관여했다는 의혹이 꾸준히 제기된다.

대통령의 멘토나 책사가 되려면, 해박한 지식과 높은 학식, 시대의 흐름을 읽을 수 있는 깊은 혜안이나 통찰력이 있어야 한다. 그러나 천공이라는 자는 일반인보다 못한 사람으로서, 특별한 능력과 혜안이 전혀 없는 희대의 '거짓말쟁이'이다.

국가 · 지방 · 기업 등을 성공적으로 경영하려면, 결단력을 키워야 한다. 결단력을 키우는 방법은 대통령 자신이 '오랫동안 독서를 하고', '다양한 경험의 힘'으로 내공을 축적해야 한다. 그렇지 않으면 검증되지 않은 간신배의 손에 이끌려 꼼짝없이 결정을 당하게 된다.

특히 윤 대통령은 ① 직무수행 역량 부족 ② 인재영입 실패 ③ 우유부단한 성격 ④ 불투명한 국정목표 ⑤ 에너지의 결핍 ⑥ 불통 · 부정직 ⑦ 독불장군 · 권위주의 ⑧ 자신의 가족을 위한 정치, 그리고 무속巫俗 등에 빠져 국가를 위기로 몰아넣는다.

중국의 사상가 · 정치가 공자孔子는 "어진 사람을 밀어서 왕으로 받드는 자는 반드시 성공하지만, 어질지 못한 사람을 왕으로 받드는 자는 몰락한다"라고 강조한다. 즉 몸에 맞지 않는 '남의 옷(홍준표 예비후보의)'을 억지로 입혀놓으면, 대통령[왕] 자신도 국민도 모두가 어려움에 봉착한다.

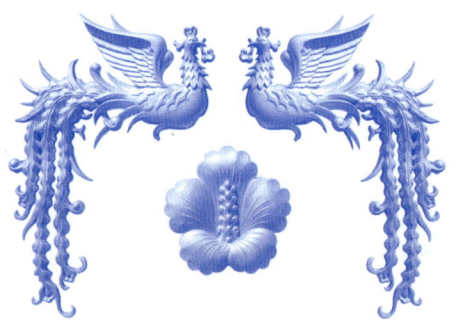

4
대선 예측

사람의 운명

미국 제28대 대통령 윌슨Wilson,ThomasWoodrow은 "운명에는 우연이 없다. 인간은 어떤 운명을 만나기 전에 벌써 자기 스스로 그것을 만들고 있는 것이다"라고 피력한다. '이 세상에는 우연이란 없다'라고 한다. 따지고 보면 우연이 아니라, 그것은 필연必然적인 것이라 할 수 있다.

2021년 나는 국민의힘 '홍준표 후보'가 20대 대통령에 당선될 것으로 예측했다. 오랫동안 '행정안전부 지자체합동평가단 위원'으로서, 경남도청에서 홍준표 지사를 공식적으로 여러 차례 만나본 일은 있으나 개인적인 친분은 없다.

나는 당시 홍준표 후보가 '개선장군처럼 싸워서 이기고 돌아오는 그런 기운이 강하게 느껴져' 당선될 것으로 확신한 것이다. 그러나 결과는 전혀 예측하지 못한 윤석열 예비후보가 국민의힘의 대선 후보로 선출되고, 최종적으로 20대 대통령의 자리 권좌權座에 앉는다. 정말 '자연의 섭리'에 역행하는 일이 벌어진 것이다.

"자연의 순리를 역행하면, 임기를 다 채우지 못할 텐데…."

윤 대통령이 탄핵彈劾된 것은 우연이 아니라 필연적이다. 원래 홍준표 후보가 입어야 할 곤룡포袞龍袍를 윤석열 후보 측이 여론을 조작해서 억지로 입힌 것이다. 필자가 예측한 대로 그는 취임 전부터 지지율이 하락하면서, 곳곳에서 많은 문제와 잡음이 일어나기 시작한다.

사람이 길을 걷다 보면, 평평한 길에서도 넘어지는 일이 있을 수 있다. 사람의 운명도 그런 것이다. 신神 이외는 그 누구도 알 수 없는 일이다. 2024년 12월 3일에 일어난 '비상계엄'도 우연히 일어난 것이 아니라, 대통령 취임 전부터 자기 스스로 그것을 만들고 있었던 것이다.

더불어민주당 이재명 후보가 1,728만7,513표로 득표율 49.42%를 얻어, 21대 대통령에 당선된 것도 우연이 아니라 필연적인 것이다. 이러한 것은 '하늘의 뜻'이고, '자연의 섭리'이다. 이재명 후보를 지지했든 안 했든 모두가 받아들여야 한다.

Chapter 1

윤 대통령 파면 예측

졸저 『대통령의 자리 권좌(2025)』에서 서술한 바와 같이, 나는 2021년에 윤석열은 대통령이 될 '그릇'이 아니라고 판단했고, 당시 하늘이 내린 사람은 '홍준표 후보'로 예측한 바 있다.

그러나 '국민의힘'에서는 갑자기 기존의 당헌·당규를 바꿔, 자신들이 원하는 후보를 일방적으로 밀어붙인다. 이를테면 권좌權座에 누이 먼 그들은 '자연의 순리'를 역행하면서, 예비후보의 기본적인 인성과 정치적 역량 등을 전혀 검증하지 않고 무모하게 대선 후보로 낙점한다.

그러던 어느 주말, 서울 중심가의 한 장소에서 윤 예비후보의 종친宗親들이 주축이 돼 개최하는 포럼이 열린다. 나는 포럼이 끝난 뒤 종친의 대표 격인 사람을 따로 만나 대화를 나눈다.

"이번 선거에 교수님께서 도움을 주셨으면 좋겠습니다…."
"네, 진지하게 생각해 보겠습니다…."

나는 큰일을 도모하는 일이라 윤 후보의 대통령직 직무수행 능력과 타고난 재능·역량·인품과 '그릇의 크기' 등을 세세하게 살핀다.

그리고 배우자·가족, 예비후보 주변의 핵심 정치인과 '윤 핵관' 등의 기본적인 인성과 전반적인 기운을 분석한다. 며칠 후 나는 윤 예비후보 종친의 대표자를 다시 만난다.

"교수님, 선거 도와주실 수 있습니까?"
"죄송합니다만, 도와드릴 수 없습니다."
"다시 한번 생각해 보시면 안 됩니까?"
"네, 그분은 대통령의 그릇이 아니라서…."

필자가 윤 예비후보 종친의 간곡한 도움을 거절한 이유는 ① 그가 권좌에 오르면, 정치·경제·사회·외교·안보 등 전 분야에 걸쳐 심각한 위기가 올 것이고 ② '윤 핵관'과 구성원 모두가 선악善惡을 구별하지 못하고 ③ 설령 내가 바르게 간언諫言을 한다고 해도 진지하게 경청하지 않을 것이고 ④ 사치와 예산 낭비로 국고國庫가 바닥을 드러낼 것이고 ⑤ 배우자와 가족들이 크고 작은 이권에 개입해 커다란 파문을 일으킬 것이고 ⑥ 혜안이나 통찰력이 전혀 없는 주변의 사이비 건진법사와 천공 등 간신배들이 예비후보의 성총聖聰을 흐리게 할 것으로 예측했기 때문이다.

그 후 윤석열은 국민의힘 대선 후보로 최종 결정되고, 선거가 본격적으로 시작되자 오랫동안 인연을 맺어온 지인·선배·친구·학자들이 찾아와 선거운동을 함께 하자고 유혹해 오지만, 나는 '미래에 큰 재앙이 일어날 일'을 알기에 모두 거절한다.

그는 대통령 취임 전부터 대통령실 용산 이전 문제로 혼란을 일으킨다. 그리고 취임 이후의 첫 해외 순방 등에서도 크고 작은 사건 사고가 터지기 시작하면서, 날마다 언론과 충돌한다. 하루도 바람 잘 날 없이 대통령 내외가 돌아가면서 혼란과 많은 파문을 일으킨다.

결국, 그는 2024년 12월 3일 22시 23분경 긴급 브리핑을 통해 "종북과 반국가세력을 척결하고 자유 대한민국을 수호하겠다"라는 명분으로 전국 단위의 비상계엄을 선포한다. 일찍이 예측한 대로 윤 대통령은 다시는 돌이킬 수 없는 국가에 큰 재앙을 일으키며, 스스로 자신의 발등을 찍는다. 결국, 2025년 4월 4일 11시 22분에 헌법재판소가 윤 대통령에 대한 탄핵 소추안을 만장일치(8:0)로 인용한다.

윤 대통령은 최고 지도자로서 지녀야 할 기본 덕목인 ① 수신제가 ② 신중한 언어 사용 ③ 지혜 단련 ④ 건강 관리 ⑤ 인재 영입 ⑥ 약속 이행 ⑦ 강한 책임감 ⑧ 소통 능력 ⑨ 민생 우선 ⑩ 신뢰와 믿음 ⑪ 강한 자신감 ⑫ 강한 결단력 ⑬ 다양한 경험 ⑭ 뛰어난 외교력 등을 전혀 갖추지 못한 것이다.

Chapter 02

이 대통령 당선 예측

2024년 3월 22대 총선 기간에 나는 평소 가깝게 지내는 민주당의 고문으로 활동하고 있는 '유용근 전 국회의원'을 만난다. 그는 "이재명 국회의원 예비후가 이번 총선에서 안전하게 당선될 수 있는지를 사전에 예측해 줄 수 있습니까?"라고 하면서 조심스럽게 말씀하신다. 나는 여러 날 동안 그분의 당선 기운을 분석해 본다.

졸저 『대통령의 자리 권좌(2025)』에서 서술한 바와 같이, 재선에 도전한 '이재명 후보'는 ① 공명정대하고 위풍당당하며 ② 자신감과 탁월한 능력을 가졌고 ③ 용기와 의지가 강한 사람으로서 ③ 거대 정당의 당대표직을 맡고 있다. 이와 같은 기운으로 그는 22대 국회의원에 당선될 것으로 예측한 바 있다.

한편, 2025년 4월 4일 헌법재판소에서 윤 대통령에 대한 탄핵 소추안이 만장일치로 인용되면서, 정치권에서는 21대 조기 대선이 가시화된다.

'국민의힘'에서는 홍준표 시장, 김문수 장관, 안철수 의원, 한동훈 전 당대표와 그리고 '더불어민주당'에서는 이재명 당대표, 김동연 지사, 김경수 전 지사 등 차기 대권 주자로 꼽히는 정치인들의 행보가 갑자기 빨라진다.

졸저 『대통령의 자리 권좌(2025)』에서 서술한 바와 같이, 나는 2023년, 2024년 그리고 2025년 2월 3일, 여러 명의 차기 대권 주자 중에 누가 대통령에 당선되는지를 조심스럽게 예측해 보는데, 그중 눈에 띄는 후보가 있어 그의 기운을 신중하게 분석해 본다.

21대 대통령에 당선될 더불어민주당 이재명 대선 후보의 기운은 ① 일찍이 조기 대선을 속전속결로 준비해서 자신이 원하는 것을 얻게 되고 ② 어린 시절 소년공으로 일하면서, 눈물 젖은 빵으로 목숨을 겨우 연명하고 ③ 인생의 온갖 수모와 장애를 극복함으로써 목적을 달성하고 ④ 가까운 미래에 오랫동안 인내하고 노력한 대가를 보상받게 되고 ⑤ '큰 것을 얻어 권좌에 앉는 것'으로 읽혀진다.

대통령[제왕]은 하늘이 내린다. 국민의힘에서는 어렵게 경선에서 선출된 김문수 대선 후보를 야밤에 한덕수를 대선 후보로 교체하려다 들통난다. 결국, 후보 교체가 무산되자 이번에는 다시 이준석 후보와 단일화를 하려고 시도하지만 모두 물거품이 된다.

국민의힘에서 정권을 연장하기 위해 아무리 용을 쓴다고 해도 하늘이 내린 후보를 이길 수는 없는 것이다. 이재명 대선 후보가 대통령의 자리 권좌權座에 앉는 것도, 그분의 '운명'이자 '자연의 섭리'인 것이다.

한자에서 운運은 '움직일 운', 명命은 '목숨 명'자로, 즉 운명은 '움직이는 생명'을 뜻한다. 유의어는 숙명·명운 등이 있다. 역술인들은 '운명運命'이라는 단어가 '움직이는 생명'이라서 노력으로 얼마든지 운명을 바꿀 수 있다고 주장하지만, 이 세상에 어느 누구도 자기의 운명을 바꿀 수는 없다.

이재명 정부는 임기 초반부터 문제가 많은 사람을 영입하면, 5년 임기 내내 힘들어진다. 특히 오랫동안 같은 정당에서 한솥밥을 먹었다고 해서 능력이 뛰어난 것은 절대 아니다. 향후, 탕평 인사를 과감하게 단행해, 인재를 두루 등용해야 할 것이다. 그리고 적은 늘 가까이 있으니, 주변 사람을 잘 살펴야 한다.

Chapter 03

길이 아니면 가지마라

2013년 박근혜 대선 후보 시절, 선거캠프에서 큰 공을 세워 자신의 정치적 입지를 굳힌 L정치인은 일찍이 정치에 입문해 자신의 소속 정당에서 중책을 맡는다. 그 후 2021년 윤석열 대선 후보 시절에도 국민의힘 당대표를 맡아 큰 역할을 한 바 있다.

한편, 그는 2025년 21대 조기 대선에 도전해 선거 초반에는 승승장구하는 듯했으나, 선거 막바지 3차 대선후보 TV토론에서 '여성의 신체 일부를 비하한 발언'으로 사회에 커다란 파문을 일으킨다.

필자가 분석한 그의 타고난 천직과 재능은 ① 학자 ② 의사 ③ 연구원 ④ 철학자 등의 직업군이 나온다. 즉 그의 천직과 재능에는 '정치인의 직업'이 보이지 않아, 정치인의 길로 가면 삶이 힘들어진다.

그의 장점은 ① 선견지명과 통찰력이 있고 ② 머리가 좋아 기억력이 좋고 ③ 남에게 가르침을 주고 싶어 하는 재능을 가지고 있다. 그러나

④ 외로움을 잘 타고 ⑤ 조직 생활에 적응하지 못하는 단점이 있다.

무릇 정치의 첫걸음은 타고난 자신의 천직과 재능을 스스로 살피는 것부터 시작해야 한다. 즉 문제의 원인을 다른 곳에서 찾지 말고, 자기 자신부터 먼저 성찰해야 할 것이다.

또 다른 사례는 타고난 자신의 천직과 재능에 없는 사람들이 고위직에 올랐다가, 짧은 기간에 직職에서 내려온 일이다. 이들은 모두 학자 출신으로서, 인사권자의 총애를 받고 임명을 받는다. 그러나 여러 가지의 이유로 임기 초반에 도중하차 한다.

필자가 분석한 이들의 타고난 천직과 재능은 ① 학자 ② 연구직 ③ 종교인 ④ 분석가 등의 직업군이 나온다. 즉 이들은 대학에서 학문을 연구하고, 후학을 양성해야 하는 운명이다.

이들의 공통점은 ① 총명하고 머리가 좋고 ② 축적된 지식이 많지만, 현재의 직급에서 더 위로 오를 수 없는 운명을 타고났다. 즉 자신의 길로 가지 않으면 실패할 확률이 높다.

사람은 누구나 자신의 운명을 목에 달고 살아간다. 이제라도 무거운 마음을 내려놓고 '자연의 섭리'에 따르면, 앞으로 자신의 분야에서 더 좋은 성과를 얻을 수 있을 것이다.

Chapter 04

민주당 원내대표 선출

전술한 바와 같이 속담에 '송충이는 솔잎을 먹어야 한다'라는 말이 나온다. 즉 누구나 자신의 분수에 맞게 처신해야 한다'라는 뜻이다.

어느 날, S갤러리에서 더불어민주당 유용근 고문을 만난다. 그는 민주당 원내대표 후보자 명단을 알려주면서, 누가 당선이 유력한지 알고 싶다고 말씀하신다. 물망에 오른 후보는 H의원, K의원, P의원(1), P의원(2), L의원 등이다.

나는 여러 날 분석 끝에 민주당 원내대표로 당선될 확률은 H의원이 75%, P의원(1)이 30%, 나머지는 각각 0%라고 분석 결과를 알려준다.

"고문님, H의원은 당선 확률 75%, P의원(1)은 당선 확률 30%입니다."
"아! 그래요…?"
"만약, 당선 확률 30%인 P의원(1)이 당선되면, 원내대표 직職을 오래 유지하지 못할 겁니다."

투표 결과, 당선 확률 30%로 예측한 'P의원(1)'이 당선된다. 원내대표로 선출된 P의원(1)은 ① 의원들의 다양한 의견 조율과 당의 공식 입장을 정리하고 ② 국회에서 법안을 처리하고 ③ 의사 진행 및 국회 일정을 조율하고 ④ 각 상임위원회에 소속된 의원들을 배정하고 ⑤ 상임위 운영을 관리하는 등 자신의 직무를 열심히 수행한다.

"음, 원내대표 직職을 오래 유지하지 못할텐데…."

원내대표 취임 4개월쯤 접어들면서, P의원(1)의 운명이 갈리게 된다. 그는 더불어민주당 이재명 대표의 체포동의안이 가결되자, 원내대표로서 책임을 져야 한다는 압박 때문에 본인 스스로 직職에서 물러난다.

그 후 민주당에서는 원내대표를 다시 선출한다. 그런데 4개월 전에 필자가 당선 확률 75%로 예측했던 'H의원(홍익표)'이 다시 출마했는데, 결국 그가 민주당 원내대표로 최종 선출된다.

그리스의 철학자 디오게네스는 "사람은 물욕에 집착이 강하면 강할수록 나약해진다. 그리고 자기 스스로 결박을 당한다"라고 강조한다. 결국, P의원(1) 은 '원내대표'라는 자리에 집착했던 탓에 2024년 22대 국회의원 선거 공천에서 배제된다.

따라서 인간은 누구나 '자신의 몸을 운명에 맡길 수는 있어도, 그것에 깊이 관여하할 권한은 없다.' 즉 인간은 '운명이라는 실을 꼴 수는 있어도, 그것을 내 맘대로 자를 수는 없다'라는 것이다.

Chapter 05

국민의힘 당대표·원내대표 선출

미국의 경영학자·교육자 피터 드러커P.F. Drucker는 "우리가 이용할 수 있는 자원 중에서 끊임없이 성장·발전할 것으로 기대되는 것은 오로지 인간의 능력뿐이다"라고 피력한다.

어느 날, 가깝게 지내는 국민의힘 Y국회의원을 만나 자연스럽게 당내표·원내대표 후보지 명단을 놓고 대화를 나누다가, 누가 선출되는지를 예측해 본다.

"당대표 후보 중에 누가 선출됩니까?"
"음, 없습니다!"
"그래도 누군가는 선출되는 게 아닙니까?"
"그건 그렇지요! 하지만, 당黨에 마땅한 인물이 없습니다."
"그럼, 원내대표는 어떻습니까"
"마찬가지입니다."
"아, 큰일이군요."

"결국, 당대표는 K의원 그리고 원내대표는 Y의원이 선출되지만, 리더십과 직무수행 능력이 부족해 당이 큰 혼란에 빠질 겁니다."

미래를 예측할 때는 단순하게 당락當落만을 예측하는 것이 아니다. 당선 후 당을 어떻게 이끌 것인지도 함께 예측한다. 즉 '당선 후 어떤 일이 일어나는지를 예측하는 것'이다.

내가 예측한 대로 K의원이 당대표가 되고, 나중에 Y의원이 원내대표가 된다. 그러나 직무능력 부족으로 큰 성과를 내지 못한다. 게다가 국민의힘이 민생을 위한 정책보다는 선거용의 졸속정책을 발표하는 바람에 날마다 국민의 공분을 사는 일이 자주 일어난다.

특히 국민의힘이 하나로 단합하지 못한 채 끊임없는 내부 갈등과 여야 간 첨예한 대립으로 인해 정치·경제·외교 등 사회의 전 분야에서 매우 심각한 혼란을 야기시킨다.

속담에 '독수리는 파리를 못 잡는다'라는 말이 나온다. 즉 사람은 '각자 자신의 능력에 맞는 일이 따로 있다'라는 뜻이다. 즉 사람은 누구나 자기가 사용할 수 있는 능력을 제 나름대로 느끼고 있어야 하는데, 당대표·원내대표 등 구성원 모두가 전혀 그렇지 못한 것 같다.

더구나 나라의 곳간은 점점 비어가고, 물가는 오르고, 경제는 바닥으로 떨어지고 있는데도 국민의힘의 정치인들은 전혀 아랑곳하지 않는다. 결국, 국민의힘은 어려운 시국을 수습하지 못하고, 자동해체·공중분해 등 당이 큰 혼란에 빠질 것이다.

Chapter 06

기업과 정치는 별개

정치를 하려면 타고난 천직과 재능에 관운官運이 있어야 한다. 즉 관운은 '벼슬을 할 운수'를 뜻한다. 천직과 재능에 관운이 없으면, 아무리 선거전략을 잘 세워도 당선은 쉽지 않다.

D대학원 석사과정에 외래교수로 출강하는 분이 있어, 나도 한 과목 수강한다. 그는 대기업의 부사장으로서, S대학 법대를 나온 후 외국에서 경제학 석사학위를 취득한 분이다.

학문에 대한 해박한 지식과 현장실무에 정통한 그는 늘 빈틈이 없을 정도로 완벽하게 수업을 진행한다. 난이도難易度가 높은 리포트 때문에 학기 내내 어려운 점도 있었지만, 배울 점이 많아 유익한 수업으로 기억된다.

그는 다년간 대기업의 부사장, 대기업의 회장 등으로 재직하다가 큰 단체의 부회장으로 영전된다. 종종 방송에 나와 인터뷰도 한다. 나는 그때마다 "역시 우리 교수님은 훌륭한 분이야!"

어느덧 세월이 흘러 임기를 마친 그는 자신이 태어난 고향으로 내려가 광역단체장 선거에 출마한다. 처음에는 득표율 2위로 낙선한다. 그 후 4년 뒤에 또다시 도전한다. 이번에도 득표율 2위로 낙선한다.

조선의 으뜸가는 학자 이이李珥는 "대게 벼슬은 남을 위한 것이지 자기를 위한 것은 아니다"라고 강조한다. 아마도 그는 인생을 자신의 영달榮達 보다는 고향의 발전을 위해 봉사하려고 했던 것 같다.

그는 학력으로 보나, 경력으로 보나, 인품으로 보나, 어느 것 하나 모자람이 없는 완벽한 분이다. 다만 아쉬움이 있다면 평생 기업가로 살아온 분이라서, 정무 감각과 정치에 대한 경험이 부족하다는 점을 들 수 있다.

그분의 타고난 천직과 재능은 경영인, 회사 임원, 경제학자, 회계사, 전문직 등에 종사할 운명이다. 아무리 화려한 대기업 임원 경력을 가지고 있어도, 선거에 나가 당선되기는 쉽지가 않다. 학력과 경력이 다소 부족해도 선거에서 당선되는 사람은 따로 있다.

과거 대기업의 총수와 유명 대학의 교수들이 종종 대통령 선거에 출마했다가 낙선한 사례도 있다. 그래서 정치가는 정치가의 길로, 학자는 학자의 길로, 기업가는 기업가의 길로 가야 한다. 자고로 인생길은 자신과 가장 가까운 곳에서 찾아야 한다.

꼬리말

프랑스의 철학자·수학자 블레즈 파스칼Blaise Pascal은 "인간은 생각하는 갈대이다"라는 말을 남긴다. 비록 인간은 우주의 작은 미물에 불과하지만 위대한 존재이다. 그러나 공감 능력이 없거나 아무 생각이 없는 사람은 단순한 갈대에 불과하다.

공감 능력은 '타인의 감정과 상황을 이해하고 배려하는 능력'을 말한다. 공감 능력이 없는 사람은 사려 깊지 못하고 단순하다. 그들은 문제의 본질을 전혀 파악하지 못한 채 이기심과 무관심으로 병들어 있다.

게리 바이너척은 "공감 능력은 인간관계의 기본으로서, 내가 세상의 이야기를 듣는 방법이다"라고 강조한다. 그는 또 "종교색이 강하면 공감 능력이 떨어진다"라고 재차 강조한다. 이처럼 종교색이 짙은 사람은 스스로 귀를 막고 세상의 이야기를 경청하지 않는다.

나는 종교가 없다. '종교에 심취하면 세상을 한쪽 눈으로 바라본다'라는 성인의 말씀을 접하고 종교를 갖지 않기로 맘먹는다. 요즘 사람을 만나 국내외의 정세政勢 등과 관련해서 대화를 나눠보면, 그 사람의 공감 능력을 알 수 있다.

석가모니는 "길을 나설 때는 나보다 월등한 사람과 가야한다"라고 강조한다. 사람은 묘한 존재이다. 슬기롭지 못한 사람과 함께 가면, 가까운 지름길도 멀게 느껴질 수 있다. '성공의 조건'은 나보다 나은 사람이나 공감 능력이 뛰어난 사람과 인맥을 구축하는 데 달렸다.

공감 능력이 전혀 없는 국민, 대통령, 국회의원, 광역·기초단체장, 광역·기초의원, 사회지도층 등 자신의 귀를 닫고 멘토·책사나 국민의 쓴소리를 외면하면, 자신의 분야에서 큰 성과를 거둘 수 없을 것이다.

향후, 대선·총선·지방선거 출마를 준비하는 분들은, 지도자가 갖추어야 할 기본 덕목 ① 수신제가 ② 신중한 언어 사용 ③ 지혜 단련 ④ 건강 관리 ⑤ 인재 영입 ⑥ 약속 이행 ⑦ 강한 책임감 ⑧ 소통 능력 ⑨ 민생 우선 ⑩ 신뢰와 믿음 ⑪ 강한 자신감 ⑫ 강한 결단력 ⑬ 다양한 경험 ⑭ 뛰어난 외교력 등을 지니고 출마하길 바란다.

참고문헌

- 가나이 히데유키 저. 홍영의 역(2008). 『10초 만에 사로잡는 대화기술』. 마음향기.
- 강준만(2013), 『대중문화의 겉과 속』, 인물과 사상사.
- 고구레 다이치 저. 박선경 역(2018). 『횡설수설하지 않고 정확하게 설명하는 법』. 갈매나무.
- 국정호(2022), 『세종과 이순신, K리더십』, 해드림출판사.
- 권민창(2022), 『잘 살아라 그게 최고의 복수다』, ㈜바이포엠.
- 기주(2017), 『언어의 온도』. 말글터.
- 김석준(2002), 『재미있게 말하는 사람이 성공한다』. 책이있는마을.
- 김은영(1992), 『이미지 메이킹』. 김영사.
- 김후(2012), 『불멸의 제왕들』, 청아출판사.
- 김희영(2006), 『이야기 중국사』, 청아출판사.
- 다비드넬스 · 크리스티안제러 · 강영옥 옮 김(2022), 『기후 변화 ABC』,

동녘사이언스.
- 다음백과, 고사성어대사전.
- 다음백과, 이이화의 인물한국사.
- 다음백과, 한국민족대백과사전.
- 다카나시 게이이치로 저. 강성웅 역(2015).『자신감을 주는 완벽한 대화기술』. 경성라인.
- 다카히라 아이 저. 박진배 역(2013).『여성고객의 마음을 움직여라』. 경성라인.
- 마이클만 · 톰톨스 · 정태영 외 옮김(2019),『누가 왜 기후 변화를 부정하는가』, 미래인.
- 마빈 토케이어 · 박경범 엮음(20210),『탈무드』, 백만문화사.
- 머니투데이, 2008.
- 미래서비스아카데미(2006).『서비스 매너』. 새로미.
- 박성연(2015),『왕의 비선과 책사』, 글로북스.
- 박재용(2021),『1.5도 생존을 위한 멈춤』, 뿌리와 이파리.
- 배상복(2017).『단어가 인격이다』. 위즈덤하우스.
- 변상우(2022),『리더십』, 도서출판 청담.
- 변혜령 외(2020),『강태공 · 관중』, 다산북스.
- 사회복지 용어사전.
- 신봉승(1987),『조선왕조 500년 개국전야 2』, ㈜금성출판사.
- 신봉승(1987),『조선왕조 500년 인조반정 32』, ㈜금성출판사.

- 안광현(2020), 『글로벌 사회와 리더십』, 무역경영사.
- 안미현(2003), 『고객의 영혼을 사로잡는 50가지 서비스기법』, 거름.
- 안은표(2017), 『나의 가치를 높여주는 대화법』, 아시아.
- 양병무(2009), 『행복한 논어읽기』, 21세기북스.
- 왕사오눙·이재훈 옮김(2007), 『노자, 인생을 말하다』, 에버리치홀딩스.
- 왕경국 외(2010), 『조조같은 놈』, 스타북스.
- 우에니시 아키라·이정환 옮김(2020), 『간절히 원하면 이루어진다』, 창작시대.
- 위키백과.
- 이희철(2022), 『기후미식』, 위즈덤하우스.
- 장쥔링 외·강경이 옮김(2008), 『商略, 상하이 상인의 경영전략』, 경덕출판사.
- 장기수 외(2021), 『리더십과 조직』, 서평원.
- 정비석(2012), 『소설 손자병법①』, 은행나무. 위키벡과.
- 정비석(2012), 『소설 손자병법②』, 은행나무.
- 조승연(2015), 『비즈니스 인문학』, 김영사.
- 지그지글러·박상혁 옮김(2013), 『포기하지 마라 한 번뿐인 이생이다』, 큰나무.
- 최기종(2024), 『관광매너 서비스실무』, ㈜백산출판사.
- 최기종(2024), 『관광학개론』, ㈜백산출판사.
- 최기종(2025), 『대통령의 자리 권좌』, 별나인북스.

- 최영일(2022), 『부를 만드는 경험의 힘』, 스노우폭스북스.
- 츠게 히사요시 · 이유영 옮김(2003), 『삼국지 전투에서 배우는 이기는 법』, 예문.
- 한국민족문화 대백과사전.
- 한정혜 · 오경화(2003), 『생활매너』, 백산출판사.
- 한창욱(2021), 『나를 변화시키는 좋은 습관』, ㈜다연.
- 호텔신라 서비스 교육센터(1994), 『현대인을 위한 국제매너』, 김영사.
- 홍문숙 외(2011), 『사기열전』, 청아출판사.
- D. 워틀스(2020), 『부의 시크릿』, 스타북스.
- YTN(2024), 뉴스.
- 丹羽隼兵 · 규은 옮김(2002), 『제왕학』, 삶과 꿈.
- 丹羽隼兵 · 이규은 옮김(2002), 『제왕학』, 삶과 꿈.
- 今井登茂子(2004), 『ちょっとした接客サービスのコツ』, オエスー出版社.
- 前田男(1990), 「觀光とイメージ」, 『月刊觀光』, 4月号 日本觀光協會.
- 午堂登紀雄 · 정문주 옮김(2022), 『정결단의 힘』, 아이템 하우스.
- 外出晴彦 榎島景子(2002), 『ポイントからわかるマナー手帳』, 西東社.
- 夫馬賢治 · 오시연 옮김(2021), 『데이터로 알 수 있는 2030년 지구의 경고』, 도서출판 큰 그림.
- 小林宏(1983), 『サービス學』, 産能大.
- 日本交通公社編(1984), 『現代觀光用語事典』, 日本交通公社.

- 暮らしの達人研究班(2004).『そんなマナーでは恥をかく』. 河出書房新社.
- 東野君・허유영 옮김(2010),『나를 다스리고 천하를 경영한다』, 시아.
- 東野君・허유영 옮김(2010),『나를 다스리고 천하를 경영한다』, 시아.
- 池田誠(1986).『ホテルマンの基礎實務』. シタ書店.
- 湯仁榮・이은미 옮김(2006),『공자, 사람을 말하다』, 에버리치홀딩스.
- 王少農・김형오 옮김(2007),『장자, 우화를 말하다』, 에버리치홀딩스.
- 王少農・이재훈 옮김(2007),『노자, 인생을 말하다』, 에버리치홀딩스.
- 現代マナー・フォーラム(1999).『絵でわかるマナー事典』. 西東社.
- 稻盛和夫・김윤정 옮김(2022),『어떻게 살아야 하는가』, 다산북스. 윌러스
- 羅烈文・고예지 옮김(2006),『맹자, 처세를 말하다』, 에버리치홀딩스.
- 高橋書店編集部(1999).『マナーBook』. 高橋書店.
- 高橋秀雄(1998).『サービス業の戰略的 マーケティング』. 中央經濟社.

저자 소개

錦堂 최기종

주요경력
- 경영학 박사·미래학자·전문 작사가
- 前)경복대 정교수·숭실대 경영대학원 겸임교수
- 前)대통령소속 지방분권촉진위원회 실무위원
- 前)국무총리실 정부업무평가위원회 평가위원
- 前)행정안전부 지방규제개혁위원회 위원
- 前)국가보훈부 자체평가위원회 위원
- 前)포천 명성산억새꽃축제 위원장
- 前)춘천 막국수닭갈비축제 총감독
- 前)행정안전부 합동평가·지표개발위원회 위원
- 前)한국산업인력공단 국가자격시험 출제위원
- 現)인사혁신처 국가인재 DB 등록
- 現)춘천시 홍보대사
- 現)K-민생정치연구원 원장

저서·시집·대표곡
- 대통령과 멘토, 대통령의 자리 권좌, 관광학개론
  문화관광, 서비스실무, 관광자원해설 外 다수
- 어머니와 인절미(1시집), 추억의 갯배(2시집)
  소양강의 봄(3시집), 상큼한 사랑(4시집) 外 다수
- 소양강 봄바람(금잔디), 부산항(홍원빈)
  동해 울릉도(윤수현)

표창장·등단·문학상
- 대통령 표창, 국무총리 표창, 교육부장관 표창
- 대통령소속 지방분권촉진위원회 위원장 감사패
- 문학세계 시·작사, 스토리문학 수필 등단
- 문학세계문학상 '작사'부문 대상
- 국제PEN 문화예술 명인대전 '시'부문 대상 外 다수

국민, 대선·총선·지방선거 출마자의 필독서

대통령과 멘토

초판 1쇄 발행 2025년 9월 2일

지은이 : 최기종
펴낸이 : 전유미
펴낸곳 : 별나인북스

기획 · 경영총괄 : 최기종
교정 : 박인옥
본문디자인 : 신화정
표지디자인 : 오정은

등록 : 2023년 03월 15일 제585-98-01526호
주소 : 경기도 양주시 옥정동로 10, 1922동 1104호(옥정동)
도서 발행 및 구매 : 031-822-7993
진로상담 : 010-3882-5032
이메일 : choicgj1110@daum.net
SNS : https://www.facebook.com/choisn9b
인쇄 · 제본 : 우일인쇄공사

ISBN : 979-11-982622-5-7 03340
정가 17,000원

---

*파본은 구입하신 서점에서 교환해 드립니다.
*저작권법에 의해 보호를 받는 저작물이므로 무단전재와 복제를 금합니다.
*위반 시 5년 이하의 징역 또는 5천만 원 이하의 벌금에 처하거나 이를 병과할 수 있습니다.